# 未来にきらめく
# 京都・滋賀
# 個性派企業70社

日刊工業新聞特別取材班〔編〕

日刊工業新聞社

# 刊行にあたって

京都商工会議所　会頭　立石義雄

日刊工業新聞社 京都支局（現・京都総局）開設70周年を迎えるにあたり、先進性と独創性に溢れる京都企業等を紹介する本書が刊行されましたことを、心からお祝い申し上げます。

京都は長い歴史のなかで、良いものを大切にして、他に追随を許さない水準を極めていくこと、誰も手がけていない新しいものを創り出すことを繰り返し、今日に至っています。その結果、いつの時代にも受け入れられる不易の伝統的な商品・製品が残る一方、世界的な先端産業も数多く輩出するという、世界でも稀な先進性と独創性を併せもつ創造都市として発展してきました。「高い文化と学術を有する創造的都市は、その時代の産業に革新を興す」。これは私の持論ですが、「生き方の知恵」「暮らし方の知恵」「まちのあり方の知恵」が豊富に蓄積された京都はまさにそういった都市であります。そうした知恵が、文化の豊かさになり、進取の気風と創意工夫や独創力により、さまざまなモノづくりへと継承されています。

京都のモノづくりの根底には、二つのこだわりの哲学があります。一つは人より一歩先んじたモノをつくるこだわり、もう一つは人のやっていないモノをつくるこだわり。つまり、「先進性」と「独創性」であります。こうした哲学を基に、人・産業・文化の多様な交流の中で、京都のモノづくりは脱量産の発想で、高品質・高付加価値型のビジネスモデルとして発展を続けてきたといえます。京都商工会議所では、こうした京都の特性と企業独自の強みを活かしながら、新たな知恵によってオリジナルの技術や商品・サービス、ビジネスモデルを創出する取り組みを「知恵ビジネス」として啓発・育成しています。この取り組みをさらに飛躍させ、「知恵ビジネス」を多様な産業群として集積させることで、連携と革新の誘発を推進していきたいと考えています。

本書には価値創造を実践する企業が多数紹介されています。この本を手に取られた方にとって、貴重な資料として役立つことを心から願っています。

# 「未来にきらめく京都・滋賀の個性派企業70社」目次

◆第2章　電機・電子

## ◆第3章 医療・化学

## ◆第4章　繊維・食品／生活・その他

# 第1章

# 機械・金属

# 小型エアー式ポンプ市場でニッチリーダーとして存在感

## アクアシステム㈱

ドラム缶やペール缶用をはじめとする工場作業用ポンプや機器メーカーとして存在感を示す。元はレバーを扇状に動かして操作するウイングポンプや手動ポンプの老舗で、今はエアー駆動、手動・電動のポンプ、工場用掃除機と切削液の切粉をろ過する清掃機器を主力に据える。エアー式小型ポンプは大手の参入が少ないニッチ市場で、ニッチリーダーとしての開発スピードが同社の強みだ。

木村社長は「防爆市場などの顧客ニーズを見極め、業界に先駆けて開発している」と胸を張る。顧客ニーズを誠実に受

### 会社概要

**本　　社**：滋賀県彦根市京町 1-3-1
**電話番号**：0749-23-9123
**ＦＡＸ**：0749-23-9122
**主な事業所**：本社、須越工場、中国、タイ、ベトナム
**設　　立**：1957 年 3 月
**資 本 金**：2500 万円
**従 業 員**：30 名
**事　　業**：小型ポンプ、清掃機器、など
**売 上 高**：7 億 1000 万円（2016 年 3 月期）
**ホームページ**：http://www.aqsys.co.jp/

代表取締役社長
木村 泰始 氏

けとめ、すぐに改良や改善に取りかかる企業風土が醸成されており、「同業者が追い付いた頃には、当社は次の開発に進んでいる」ほどだ。ターゲット市場は機械工場向け中心から、食品や医薬品工場向けなど生産工場全般までと多岐にわたるが、同社ならではのニーズに応える確かな技術の蓄積があってのことだ。

### ◆IoT活用や緊急時対応で開発強化

同社の歴史は製品の開発とその拡大の歴史でもある。1947年にウイングポンプで創業、90年代早々には水や油の手動ポンプ全般を手がける。1997年にエアー式ポンプに乗り出した。2006年にネットショップ「ぽんぷやさん」を開設するなど新たな販売ルートにも参入した。16年にはBtoCへの展開のため電気用品安全法（PSE）適合の電動

看板製品のエアー式
ハンディポンプ

エアー式タンク清掃ろ過クリーナー。
クリーンな液体のみを吐出する

ポンプや、新たな工場作業用機器として切削油交換や切粉除去など作業が効率化できるエアー式タンク清掃ろ過クリーナーを製品化し、好評を得ている。

現在は、市場や事業カテゴリーなど三つのセグメントに注力した製品開発を進めている。具体的には、ＩｏＴ活用分野と防爆・防災分野、空圧機器などの要素部品事業だ。オイルなど液体の合理的な管理の実現を目指し、ドラム缶やタンク内の残量を遠隔監視して稼働制御する機器とシステムを統合したソリューションの開発や、防爆安全対応のポンプ開発で緊急時対応の需要を掘り起こす。また、エアー式機器で培った技術を応用して、ロボット向けに真空発生機器や特殊シリンダーなどを製品化し、新たな事業として育成する考えだ。

もう１つの主力製品である
エアーバキュームクリーナー

### ◆２０２２年に向け新計画を始動

海外展開も積極化している。12年に中国・江蘇省、14年にタイ、ベトナムと相次いで子会社を設立。アジア全域を視野に製販ネットワークを整備している。「環境整備や作業効率化の需要でポンプなど作業機器の市場は拡大している。次は自動車関連市場を視野にアメリカやメキシコ進出を」（木村社長）と、海外展開をさらに強化する考えだ。

また、22年に向けて新経営計画がスタートする。本体で売上高20億円、海外3子会社で10億円を目指す。「開発力と国内外の販売網を駆使し挑戦したい」と意欲をみせている。

**社是・理念**

みんなで役に立つ商品を楽しくつくろう、みんなに喜ばれよう、みんなが幸せになろう

# 計量から箱詰まで安全・安心、自動化・省力化に貢献

## ㈱イシダ

イシダは計量から包装、検査、表示、箱詰まで全て自社製品でシステム提案できる唯一のメーカーだ。主力の食品から農産物の出荷、産業用まで幅広い分野をカバーする。国内外、先進国、新興国を問わず省力化・省人化のニーズは高い。世界的に見ると人口は増加し、新興国の経済成長により中間層が拡大している。同時に食品の需要が増え、食の安全・安心への関心も高まり、グローバル市場で同社が必要とされる機会は拡がっている。2016年3月期には、売上高1042億円となり、計画より1年早く1000億円超えを

**会社概要**

| | |
|---|---|
| 本　社 | 京都市左京区聖護院山王町44番地 |
| 電話番号 | 075-771-4141 |
| FAX | 075-751-0747 |
| 主な事業所 | 滋賀事業所、東京支社、大阪支店 |
| 設　立 | 1948年10月（創業1893年5月） |
| 資本金 | 9963万円 |
| 従業員 | 3326名（グループ内総数） |
| 事　業 | 計量・包装・検査・表示などのシステムの製造販売 |
| 売上高 | 1042億8000万円（連結・2016年3月決算） |
| ホームページ | http://www.ishida.co.jp/ |

代表取締役社長
石田 隆英 氏

達成した。17年4月からスタートする新たな六カ年計画では23年に売上高1500億円が目標だ。

### ◆イノベーションとグローバルの二大プロジェクト

計画を実現するために、イノベーションとグローバルの二大テーマを掲げ、プロジェクトを進めている。各プロジェクトには、さまざまな部署から将来の幹部候補を5－6人ずつ集め、16年春から次期六カ年計画づくりに参画させている。

イノベーションでは計量、包装、検査、通信、表示の5分野に関してオープンイノベーションを進め基礎的な技術力を向上させる。そのために研究開発費を増額する計画だ。国内外を問わず省人化・省力化ニーズは高く、自動化やロボットの開発を進める。国内では多品種少量生産が多く、段取り替えの時間短縮が求められる。食品工場では、多品種のために

高度な画像処理で異物を検知する
X 線検査装置「IX-G2」

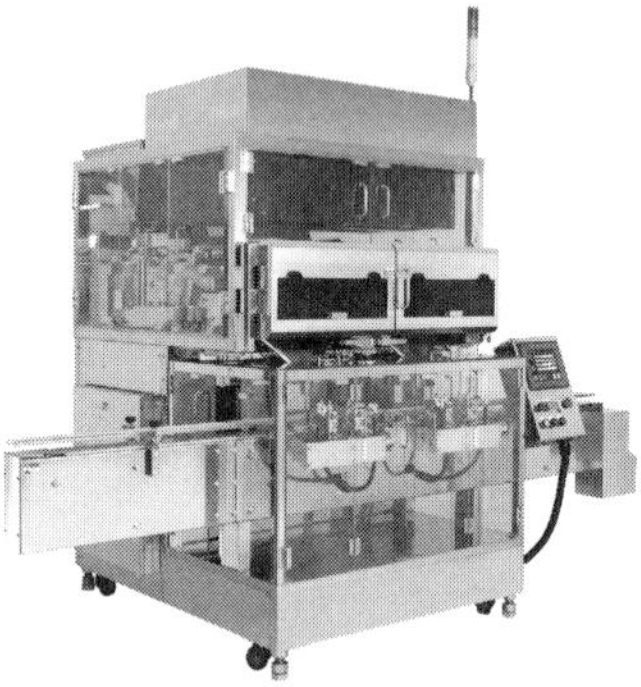
錠剤やカプセルなどを
計数する錠剤計数機

人による目視検査となり、検査の自動化が難しい。ただ石田社長は「人手がかかっているところは、当社がすべてお役に立てる」といい、事業機会として捉えている。

同社は工場の計量から検査、箱詰めまで、システム提案できることが強み。新興国ではこうした、システム販売ができる営業や技術者を各地に配置することが欠かせない。グローバルプロジェクトでは、国内や先進国での成功事例を世界各地から検索でき、新興国、成長市場でのシステム提案につなげる仕組みづくりを進めている。

### ◆新興国、成長市場を開拓

すでに同社は100カ国以上で事業展開している。新興国、成長市場としては、16年にアフリカのナイジェリアとケニアに事務所を開設した。インドでは外資系企業への販売が主で

POSレジ機能と計量機能を兼ね備えたスケールレジスター「UNI-9」

あり、現地企業への販売が課題だ。中国メーカーが低価格帯の計量機をインド、アフリカなど新興国に輸出して成長しており、先行して市場を押えられることになる。BOP（低所得層）市場のニーズを満たす価格、品質の製品を作る現地企業が進出先の国にあれば「買収も手段の一つ」と石田社長は考えている。

新たな市場は国内にもある。医療・医薬事業では、量販店向けの電子棚札を応用して病院向けの外来患者案内システムを開発し、すでに複数の病院へ納入している。国内では営業、メンテナンス体制もすでに整っており、海外展開も視野に入っている。

## 社是・理念

三方良し（自分良し、相手良し、第三者良し）。イシダは、社員と会社が一体となって成長・発展し、お客様に満足をもたらし信頼され、豊かな社会づくりに貢献する企業を目指します。

# 世界有数のローリング鍛造メーカーとして存在感

## 近江鍛工㈱

高温・高圧力でリング状の鍛造品を製造するローリング鍛造がコア技術。鉄道車両の軸受や建設機械など産業機械のベース、船舶、航空・宇宙分野などの部品部材の製造に利用されている。直径5000㎜クラスの大型リングから150㎜クラスの小型リングまでオールレンジで提供できる。手のひらサイズの小物部品から、大きなものでは重量25t、高さ1600㎜の長尺品まで、また銅やアルミニウム、チタンなどあらゆる素材に対応できる生産体制が強み。とりわけ、坂口社長は「一番の強みは、一個からの生産でも断らない究極

**会社概要**

**本　　社**：滋賀県大津市月和輪 1-4-6
**電話番号**：077-545-3281
**F A X**：077-545-8802
**主な事業所**：本社工場、信楽工場、長崎工場、ロサンゼルス営業所など
**設　　立**：1956 年 10 月（創業 1951 年 4 月）
**資 本 金**：9945 万円
**従 業 員**：266 名
**事　　業**：鍛造、熱処理、機械加工
**売 上 高**：130 億円（2015 年 11 月期）
**ホームページ**：http://www.omitanko.co.jp/

**代表取締役社長**
坂口 康一 氏

の小ロット生産だ」と強調する。

◆小ロット生産に強み

1951年に「日本一の鍛冶屋」を目指して創業。鍛冶屋のDNAが強みの基礎となっている。「鍛冶屋の商売は小ロット受注。認められれば次の受注へとつながり、取引が大きくなっていく」と、坂口社長は自社の発展の歴史を鍛冶屋になぞらえる。鍛造から焼鈍、旋削加工など一貫生産体制に裏打ちされた高品質かつ高精度なモノづくりに徹し、事業拡大につなげてきた実績から「小ロット対応の体質が備わった」と胸を張る。

生産拠点は本社工場のほか、超大型鍛造に対応できる主力の信楽工場、中・小型の鍛造が得意な長崎工場で、年間10万tの生産能力を誇る。信楽工場では日本最大級となる

日本最大級の
自由鍛造プレス機がある
主力の信楽工場

高温・高圧力でリング状に加工するローリング鍛造

1万5000tの自由鍛造プレスを導入し、最近では1500㎜の中型リングを高精度加工できる一貫設備を新設するなど一段と存在感を増している。

また、品質マネジメントシステムの国際規格「ISO9001」、環境マネジメントシステム「同14001」の国際規格に加え、各国の船級資格や航空宇宙産業品質マネジメントシステム「JIS Q 9100」、労働安全衛生マネジメントシステムの「OHSAS 18001」の認証取得などが顧客からの信頼感を高めている。

## ◆高精度化・複雑形状加工を強化

現在、同社が注力しているのが、さらなる高精度化と複雑形状への対応強化だ。このため鍛造機械やプレス機械、加熱炉など生産設備の更新を順次進めていく。複雑形状では溝つ

出荷を待つ
大型のリング鍛造品

きなど断面が異形な製品加工のほか、仕上げ加工で削りしろを低減して材料コストを減らすなど市場競争力の源泉にする考えだ。新たな人材教育にも取り組む。「現場で担当する機械は、機械メーカーに頼らずに自分で修理できるようになってもらいたい」(坂口社長)と考えている。これまで60年以上にわたりローリング鍛造の経験や知恵を蓄積してきた。この〝財産〟は、機械トラブル時の迅速な対応や、生産の効率化や高精度・高品質化に役立つ。OJTを通じて、このような対応力をきたえつつ仕事のやりがいを喚起し、小ロット生産により磨きをかける考えだ。

## 社是・理念

「良い品物をつくる＝社会に貢献する」という考えのもと、高品質の製品づくりに取り組みます。

# バタフライバルブでグローバルに存在感

## ㈱オーケーエム

バタフライバルブを主力に、ナイフゲートバルブやピンチバルブなどバルブ専門メーカーとして業界の先端を行く製品開発に取り組んできた。設計から製造まで一貫した生産システムを構築し、高機能、高品質、高信頼性を誇るバルブの提供で顧客から高い支持を勝ち取っている。空調設備や石油化学、製鉄、食品などさまざまな装置や設備を同社のバルブが支えており、さらに活躍の場を広げようとしている。

また、1990年にマレーシアに進出するなど早い時期から海外展開にも取り組んできた。「グローバルに存在感を高

会社概要

本　社：滋賀県蒲生郡日野町大谷 446-1
電話番号：0748-52-2131　FAX：0748-52-8156
主な事業所：本社・滋賀工場、支店／営業所（東京、大阪、名古屋、広島、福岡）、マレーシア、中国、ベトナム
設　立：1962 年 6 月（創業 1902 年）
資 本 金：4 億 5400 万円
従 業 員：178 名（グループ連結：298 名）
事　業：バタフライバルブ、ナイフゲートバルブ、ピンチバルブ
売 上 高：57 億円（2016 年 3 月期、グループ連結：76 億）
ホームページ：http://www.okm-net.co.jp/

代表取締役会長
村井 米男 氏

めたい」と村井会長はさらなる目標に積極的に挑戦する構えだ。

## ◆強みは顧客仕様にカスタマイズ

バタフライバルブは板の開閉で流体を制御する。同社では売上高の7割を占める主力事業だ。「軽薄短小など多様な顧客仕様に柔軟に対応できる開発力が当社の圧倒的な強みになっている」と村井会長は明かす。

大規模プラントの流体制御に使われる大型バルブなどさまざまなサイズ、耐圧性や耐熱性、耐冷性、耐腐食性などの使用環境や、それに対応した素材、手動や自動、液体や粉体など流体の種類など顧客の要望は多岐にわたる。上下水道用や一般工業用、高圧用、電子コントロールタイプなど充実したバタフライバルブのラインアップをベースに、顧客仕様に合

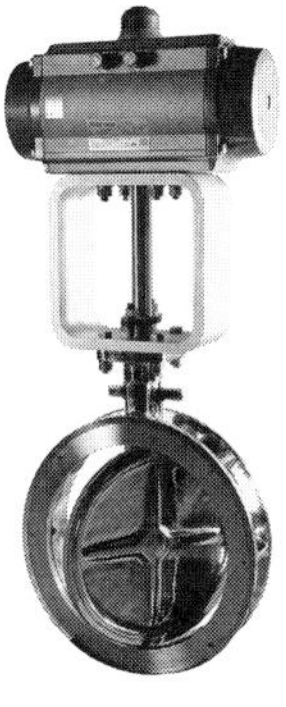

主力のバタフライバルブ
(写真は54シリーズ)

カスタマイズが強み
(写真は製品の生産風景)

わせてカスタマイズしていく製品開発力が強さの源泉だ。
カスタマイズのデータはそのままノウハウとして蓄積し次々に活用され、さらに顧客の評価や信頼が高まり、受注へとつながっていくというスパイラルで事業を強固にしている。

### ◆早い時期からグローバル指向

グローバル企業を目指す体制整備も早い時期から手がけてきた。1990年にマレーシアにオーケーエムバルブマレーシアを、2004年には中国に蘇州奥村閥門有限公司と相次いで子会社を設立した。それぞれ東南アジア、中国の日系や現地企業の要望もあり、生産、営業サービスの重要な拠点として位置づけている。上下水道や施設建設などインフラ整備需要が期待でき、「販売代理店などパートナーを募って積極

グルーバル化が進む
(写真はマレーシア工場)

的に市場開拓する」考えだ。

「三方良し」の思想を経営の根底にする。「買い手、売り手、世間の三方にメリットある事業は支持されるからだ」。

また、「5M」と呼ぶ、「MORALE(おう盛な士気)」「MARK(高い目標)」「MECHANICS(優れたテクノロジー)」「MARKET(的確な市場ニーズ把握)」「MANAGEMENT(行き届いたマネジメント)」の視点で事業や人材の能力や将来性を引き出し、国内外での存在感をさらに高めようとしている。

**社是・理念**

我々はお客様に喜ばれる商品創りに徹します。
高品質・低コスト・短納期を追求致します。
親切対応・スピードと変革主義を常に考え、顧客対応いたします。

# 長寿命化を実現する溶射で産業を支える

## 大阪ウェルディング工業㈱

部材に金属を吹きつけて皮膜を形成し、耐熱、耐摩耗、耐腐食性を高める溶射が主力。品質の高さは折り紙付きで、大きな存在感を放っている。ポンプやバルブ、産業機械や建設機械などあらゆる部材が溶射処理に持ち込まれる。長寿命化を実現し、過酷な環境や海外などの遠方で、かつメンテナンスを最小限に抑えた産業機械の運用でコスト削減や生産効率向上につながるとリピート顧客が多い。機械部品の精密機械加工や産業機械のOEM生産も手がける。また中国で3工場を展開し、グルーバル対応の体制整備も進む。魚谷社長は「溶

**会社概要**

| | |
|---|---|
| 本　社 | 滋賀県甲賀市水口町宇川 1426-10 |
| 電話番号 | 0748-62-3771 |
| FAX | 0748-62-8417 |
| 主な事業所 | 滋賀本社工場、茨木本社工場、関東工場、中国(上海工場、山東工場) |
| 設　立 | 1970 年 5 月(創業 1962 年 10 月) |
| 資本金 | 3000 万円 |
| 従業員 | 60 名 |
| 事　業 | 耐摩耗、耐腐食、耐熱の溶射加工、精密機械加工 |
| 売上高 | 13 億円(2016 年 5 月期) |
| ホームページ | http://www.osakawel.co.jp/ |

代表取締役社長
魚谷 徹生 氏

射の需要は広く大きい。積極的な営業活動や新たな取り組みで業容拡大を目指す」と自信をみせる。

### ◆営業強化、新事業で顧客開拓

他社では難しい高機能の溶射で差別化している。一般的な合金パウダーを溶かして吹きつけるだけでは衝撃で剥がれることがある。同社では再溶融解し、素材と溶射層の間に合金層を形成、冶金的結合でより強固に溶着させるフュージングを行うことで、一般に比べて2倍の長寿命化を実現する。

職人技を要するためOJTを中心に技術者研修に努める一方、生産面ではIoT技術を活用した効率的な生産体制の整備や協力会社との連携の充実で需要拡大に対応していく考え。「これまでの受け身を改め、能動的な営業を展開する」(魚谷社長)方針で、工業見本市への出展や中国工場との連携で

溶射作業の様子。耐熱や耐摩耗性を飛躍的に向上する

展示会などで溶射のメリットを伝える

実現する「日本品質・国際水準のコスト」をアピール。同社の優れた溶射や精密機械加工の認知度を広げている。さらに、固形潤滑剤やセラミックボール製造、ベアリングへの溶射など新事業も計画。新たな顧客開拓にもつなげる。

## ◆早かった中国進出、インド進出も決断

海外へも早くから目を向け、中国進出は2001年と早かった。滋賀工場をマザー工場と位置づけ、上海に100％出資で溶射や機械加工の上海田島熱噴涂を設立し、地元の日系企業を中心に受注を取り込んだ。06年には産業機械のOEM生産を行う上海田島環保設備、08年に東営田島金属表面改質、そして、13年に合弁商社の東営出石国際貿易と矢継ぎ早に設立している。溶射や産業機械の部品生産の需要は、中国で展開する日系企業にとどまらず、長寿命化など産業の高度

マザー工場の滋賀本社工場。世界に指示がとぶ

化や効率化を進めたい中国企業のニーズをとらえ、好調を維持する。

またインドへの進出も決めた。17年に南部の農村地帯のコインバトールに機械加工と中古機械販売およびそのメンテナンスの工場を建設。部品製造を見せることで現地の工業化熱を喚起するという市場創出からのスタートだ。溶射も始める計画で、現地に取引先のない中小企業の進出は話題になった。「現地ニーズに合わせて、自分たちができることからやる。そして、本業であるも必ず需要が出てくると確信している」（魚谷社長）と自信は揺るがない。

## 社是・理念

信頼の和を広げ豊かな職場を作ろう

# ホブ盤のカシフジとして歯車産業を支える

## ㈱カシフジ

1913年に創業し、1918年に国産初のホブ盤を開発して以来、100年余りにわたって歯車（ギヤ）加工にこだわり、技術を高めてきた。1980年に業界初のNC化したホブ盤を開発するなど華々しい歴史を刻んできた。熟練者でなくとも高精度に歯切りができる、煩雑な段取りを解消してほしいといった現場のニーズに独創的な技術で応え、歯車を高精度加工できるホブ盤を追求してきた。業界トップシェアを誇り、「ホブ盤のカシフジ」の地位を強固にしている。自動車や工作機械業界などから高い評価を受けている。

**会社概要**

**本　　社**：京都市南区上鳥羽鴨田28
**電話番号**：075-691-9171　**FAX**：075-661-5270
**主な事業所**：本社・工場、東京営業所
**設　　立**：1943年10月（創業1913年2月）
**資 本 金**：1億円
**従 業 員**：215名
**事　　業**：CNCホブ盤、ギヤスカイビングマシン、ホブ刃溝研削盤、歯車面取盤、精密複合加工機、精密複合研削盤
**売 上 高**：62億円（2016年9月期）
**ホームページ**：http://www.kashifuji.co.jp/

**取締役社長**
樫藤 達郎 氏

樫藤社長は「性能が高いことに加え、故障をしないことが大事だ」とモノづくりへのこだわりを明かす。いったん顧客の製造ラインに入ってしまえばフル稼働に入り、ピーク時には24時間稼働に耐えなければならない。「良い工作機械には過酷な環境に絶えられる頑丈さが求められている」。実際、30〜40年前に製造されたホブ盤が今も現役で自動車ラインで活躍しており、同社のこだわりの証左となっている。

### ◆新たな歯車加工の提案で開発力訴求

日本で開かれる最大級の工作機械見本市である「JIMTOF」には多くの関係者が訪れる。同社のブースも存在感を放つ人気ブースの一つだ。「JIMTOF2016」では、建設機械やトラック用ギヤの加工に対応するCNCホブ盤やギヤスカイビングマシンを出展した。これまで乗用車向けを中心に製品展開を

KE25IH 型 CNC ホブ盤
(写真左は外観、右は加工部)

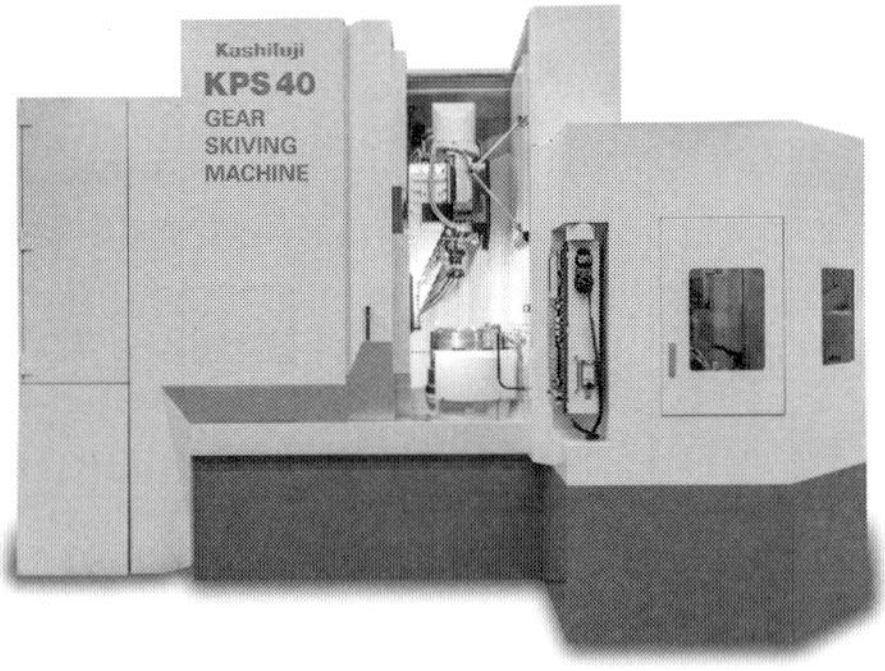

JIMTOF2016に出展した
KPS40ギヤスカイビングマシン

してきたが、より大きな歯車を高速・高精度で加工できることを示すことで新規顧客の開拓につなぐと同時に、開発力の高さを提案するのが狙い。特に、ギヤスカイビング加工に関心が集まった。実演では高速加工に注目が集まり、多くの顧客から質問や見学の要望が寄せられ、テスト計画や新規引合いへと進んでいる。

また、ギヤスカイビングマシン「ＫＰＳ20」「同30」が平成28年度京都中小企業技術大賞で優秀技術賞を受賞した。今後も先行開発したメーカーとしての自負で、意欲的な開発に取り組む姿勢だ。

## ◆本社に総合棟新設

今後、着実な事業拡大を期し、２０１６年に本社に総合棟を新設した。大型設備投資はホブ盤の部品加工工場を増床し

2016年に本社に新設した総合棟

た14年以来となる。高度成長期に建設した本社工場を、操業しながらリニューアルするための仮スペースとして当面は使うほか、将来は新規開発したホブ盤のショールームとしても活用する予定だ。

競争力の源泉は、経営の三要素であるモノ（製品）、カネ（設備など投資）、ヒトにあり、「そしてヒトが最も重要だ」と樫藤社長は常々口にする。アフターサービス体制も保障して顧客ニーズに応え、深い信頼関係を築くことを基本とする。また、社内スクールを通じて歯車の知識を伝授するなど人材育成には惜しみなく投資し、「常に時代に即応した人づくりを心がけている」。

### 社是・理念

良い機械は、創った者が言葉を尽くさなくても、使えば使うほど機械自らがその確かさ、優秀さを語りかけてくれる。時代のニーズを的確にとらえ、広く社会に貢献できる機械創りを目指す。

# 工具の進化を実現しつつ安全文化を発信

## ＫＴＣ（京都機械工具㈱）

ＫＴＣは、ラチェットレンチやドライバーなどアイテム総数が1万2000点を超える作業工具の国内トップメーカーだ。自動車整備工場のほかモータースポーツのレースチームなど、プロフェッショナル向けに供給する。工具によるトルク（力）計測・管理の実現に加え、ボルト締結時にトルク計測による作業履歴管理を実用化するなど工具を進化させている。さらに、ＩoＴ（モノのインターネット）を活用する「次世代作業トレーサビリティシステム」など先進的な仕組み作りにも積極的に取り組んでいる。

**会社概要**

**本　　社**：京都府久世郡久御山町佐山新開地 128 番地
**電話番号**：0774-46-3700　**FAX**：0774-46-4359
**主な事業所**：久御山工場、東京支店、名古屋支店、近畿支店、札幌営業所、仙台営業所など 10 営業所
**設　　立**：1950 年 8 月 2 日
**資 本 金**：10 億 3208 万円
**従 業 員**：214 名
**事　　業**：自動車整備用工具、医療用工具・関連機器、一般作業工具・関連する機器の製造販売など
**売 上 高**：85 億 700 万円（2016 年 3 月期）
**ホームページ**：http://ktc.jp/

**代表取締役社長**
宇城 邦英 氏

## ◆作業品質の向上にも寄与

ねじやボルトは、規定値以上のトルク値で締め付けると、ねじやボルトそのもの、および締結対象の損傷を招く。これらの破損は大きな事故につながる可能性があり、安全を大きく左右する。締結時のトルク値を計測するデジタルトルクレンチ「デジラチェ」の開発には、こうした背景があった。２００５年に発売したデジラチェはボルト締結時のトルク値をデジタル表示する新しい工具だった。トルクが数値で分かると作業感覚がつかみやすい。さらに、12年に発売されたデジラチェ「メモルク」は締結時のトルク値をパソコンに送信し、作業履歴管理を可能にした画期的なシステム工具になった。

製造、保守作業ではボルト締め付け時のトルク管理、作業手順、作業記録が求められる。これらの課題解決のため工具および周辺機器、ソフトウェアを含む開発を本格化したのが、

見学者数が５万人を突破したKTCものづくり技術館

工具の進化を先導してきた
KTC の各種工具

工具・測定機器とウェアラブル端末をソフトウェアで統合するシステム、すなわち次世代作業トレーサビリティシステムだ。作業手順やメモルクによるトルク管理、作業履歴、ウェアラブル端末から得られる映像など作業記録のデジタル化により安全性、作業性、作業品質の向上とコスト削減に貢献できる。RFIDを活用すれば各ボルトの情報を工具で読み取るといったことも可能になる。宇城社長は「標準化して多くの企業へ提供できるシステムにする」という。

### ◆製品安全対策優良企業表彰で経済産業大臣賞を受賞

創業以来、安全・安心を第一に考えるものづくりの基本姿勢を貫いている。想定外の過剰な力が加えられ、万一、工具が壊れた時でも事故につながらない壊れ方になる設計により達成している。作業工具をより進化させる取り組みは同時に、

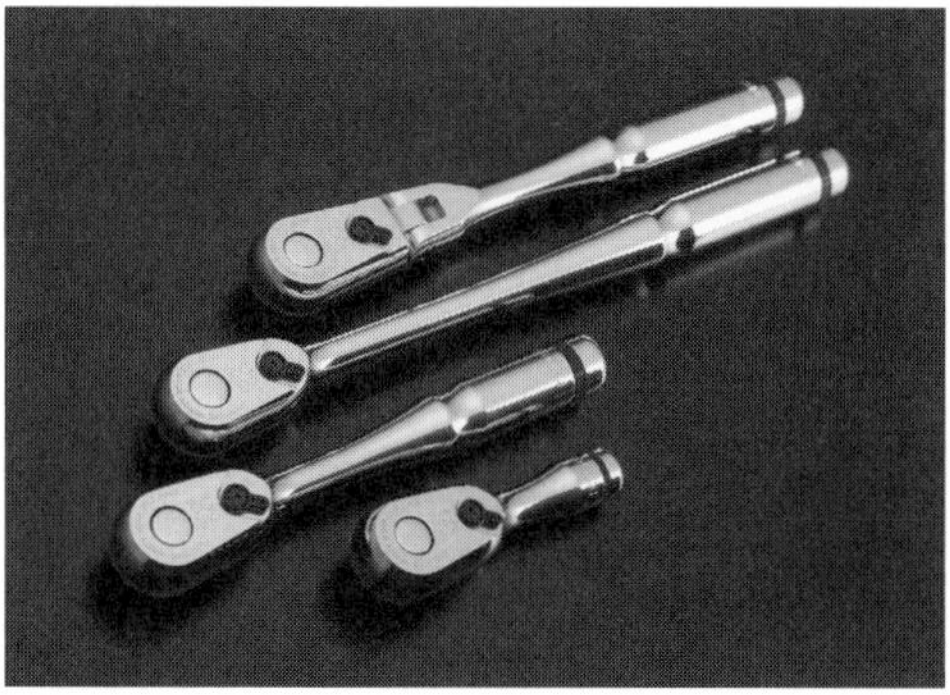

自動車メンテナンスのプロフェッショナル向けの工具「nepros（ネプロス）」シリーズ

安全・安心を積み上げる努力ともいえよう。16年11月には経済産業省の「第10回製品安全対策優良企業表彰」（PSアワード）の中小企業製造・輸入事業者部門で経済産業大臣賞を受賞した。宇城社長は「該当企業無しの場合もある」といい、厳しい審査を経ての受賞に胸を張る。評価されたのは安全最優先の製品設計と製造工程のコントロールに加え、工具の安全な使用方法に関する情報発信や「KTCものづくり技術館」による安全文化の発信だ。02年に50周年記念事業の一環としてオープンした同技術館の見学者数は16年9月に5万人を突破。わが国の安全文化の啓蒙普及に寄与し続けている。

## 社是・理念

お互いに誠実でたゆまず前進し 軽くて強くて使いよい工具を創り社会に貢献しよう

# 最高水準の研磨技術が先端産業を磨きあげる

## ㈱クリスタル光学

超精密研磨をコアテクノロジーに半導体や液晶、医療や化学、航空・宇宙分野など最先端装置の基幹部品を高精密に加工し、先端技術を基礎から支えている。「常に自分と時代の一歩先を見つめる」という社訓を守り、最新鋭の加工装置や測定装置など将来のビジネスをにらんだ投資を惜しまない。鏡のように磨き上げられた表面は鏡面と呼ばれ、表面の凹凸が1nmという世界最高水準の高精度・高品質をつくりあげる。創業者でもある桐野社長は「積極投資によりワールドクラスの加工体制を整備したことで、顧客の評価はさらに高まり、

### 会社概要

**本　社**：滋賀県大津市今堅田 3-4-25
**電話番号**：077-573-2288
**F A X**：077-573-6766
**主な事業所**：大津工場、京都工場、熊本工場、新横浜営業所
**設　立**：1990 年 3 月（創業 1985 年 4 月）
**資本金**：6000 万円
**従業員**：150 名
**事　業**：超精密研削・研磨・切削加工、LED 製造
**売上高**：26 億円（2016 年 8 月期）
**ホームページ**：http://www.crystal-opt.co.jp/

代表取締役社長
桐野　茂 氏

受注拡大につながっている」という。今、最も勢いのある企業の一つだ。

## ◆測定技術に支えられた強さ

研磨など高精度加工が注目されがちだが、「測定技術が本当の強さ」と1985年の創業以来、その考えは不変だ。測定機で技術の客観的な評価が可能になる。自分の技術レベルがわかれば、より高見を目指すことができる。この繰り返しで技術力を高めていくことができるからだ。実際に加工装置はもちろん、測定機への投資は企業規模を超える積極的なものとなっている。奥行き6mとアジア最大級の作業台を有し、世界で3台と言われる独カールツァイス社製三次元測定装置などは品質保証や顧客の信頼を裏打ちするものとなっており、同社の好調なビジネスの支えとなっている。本社、大津、

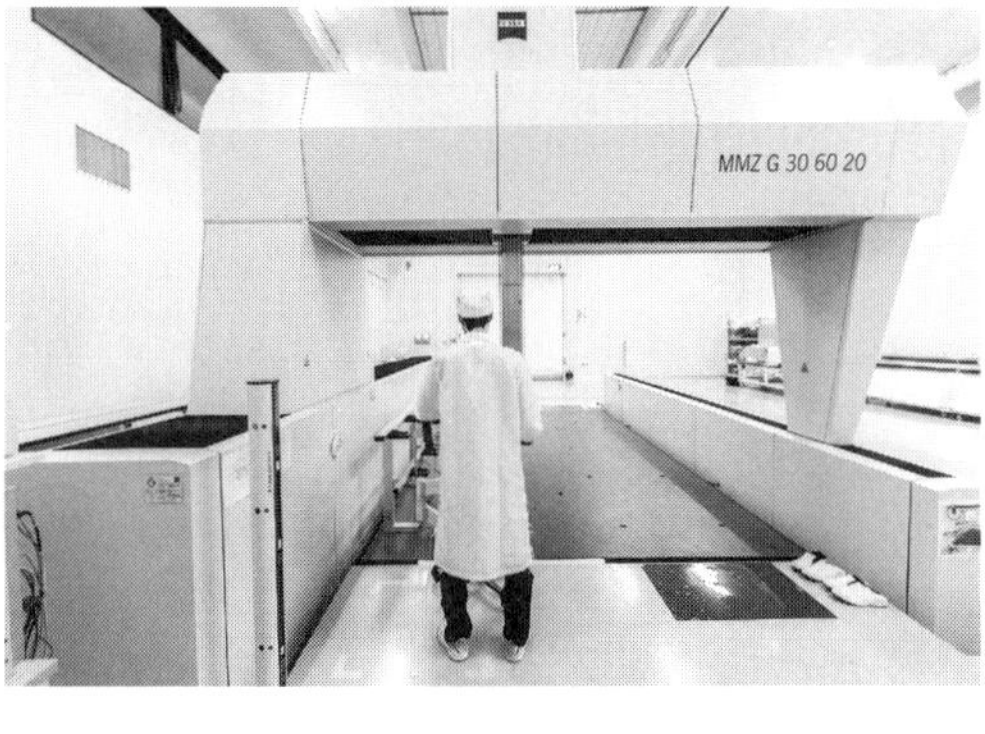


測定技術が高精度研磨を裏打ちするものとなっている

さまざまな分野での
用途が期待される
自由曲面加工

京都、熊本の4工場で保有する加工機や測定機は、主なものだけでもゆうに100台を超える。

## ◆世界最高精度の自由曲面加工

今注力するのが自由曲面加工だ。アルミニウムやステンレスなど金属材料で、表面の凹凸が1㎚と世界最高精度での研磨・加工体制を整えた。自由鏡面形状に対応可能な最先端の磁性流体研磨機を導入し、「研磨ノウハウや保守を含めた総合的な加工技術を築いているからこそ実現できた」と桐野社長は胸を張る。自由曲面は左右上下が非対称となっており、その特徴により至近投影や集光に向き、ヘッドアップディスプレー（HUD）などのレンズやミラーに用いられる。高緻密化など投影の高精度化ニーズに対応できるほか、X線分析装置に用いれば新成分の探索や分析など医化学研究の進展が

2017年には京都工場を増築する計画（完成パース）

期待できる。半導体関連などさまざまな分野から注目されている。

２０１６年４月、熊本地方を大地震が襲った。熊本工場は最大震度7を記録した阿蘇郡西原村にある。17年には京都工場と熊本工場に大型投資を行い、熊本は被災した検査棟を新工場として増床して復旧する計画だ。半導体に加え自動車関連部材の生産など業容拡大を進める計画で、雇用の拡大に向け従業員も増やす考えだ。「わずかでも復興の役に立てば」と、同社の積極投資には社会貢献の思いも込められている。

## 社是・理念

【社訓】常に自分と時代の一歩先をみつめる
お客様を大切にし魅力ある企業を作る　顧客ニーズの変化に対応する
信頼される品質を提供する　独自性の有る、新しい技術を提供する
最先端技術で、世の中に貢献する

# 高精度・安定品質の金型の供給を足がかりに成長

## ㈱阪村エンジニアリング

阪村エンジニアリングは、冷間鍛造用や自動車部品製造用の金型設計、コンサルティングを手がける。松井社長が取締役製造部長をつとめていたフォーマー（鍛造機械）製造の阪村機械製作所（京都府久御山町）から、1999年に金型設計、コンサルティングの会社として独立し、サカムラグループの1社となっている。設立時は、松井社長と松井大介取締役の二人でスタートした同社も、いまや従業員は19人に増えた。脱〝匠〟によるアプローチで、高精度かつ安定した品質の金型を供給できる体制を整えている。

**会社概要**

| | |
|---|---|
| 本　社 | 京都市伏見区淀木津町 416 |
| 電話番号 | 075-631-5560 |
| FAX | 075-631-2982 |
| 主な事業所 | 本社ほかグループ企業各社 |
| 設　立 | 1999 年 10 月 |
| 資本金 | 1200 万円 |
| 従業員 | 19 名 |
| 事　業 | 自動車部品用金型（冷間鍛造）の設計と製造 |
| 売上高 | 4 億 7400 万円（2015 年 9 月期） |
| ホームページ | http://www.sakamura-eng.co.jp/ |

代表取締役社長
松井 正廣 氏

初期の頃は金型設計のみで、製造は外注して納入していた。ボルトやナットの金型設計とコンサルティング業務が柱だった。安定した売上高を確保するため、消耗品である超硬ピン、超硬パンチを生産、販売することにした。そして、転機となったのが六角パンチの生産だった。もともとユーザーとして六角パンチを購入していたが、使用する前に、わざわざ加工をしなければならないことに不満があった。そこで、業界では使われていない工具研削盤を導入して六角パンチを生産、販売。今では同分野で約50％のシェアを獲得するに至っている。

## ◆目指すは脱〝匠〟

金型部品に鏡面加工を行うのは、鍛造時の摩擦抵抗を低減して金型寿命を延ばすためだ。職人技で鏡面に仕上げるのも素晴らしいが、手作業であるため品質にばらつきが生じる。

2014年7月に移転した本社外観

阪村機械製作所の出展に参加（ドイツ・デュッセルドルフ）

また、自動車部品を生産するティア1（一次サプライヤー）企業に供給するため、納期の遅延がなく安定した供給が求められる。

同社では基本的にはCNC研削盤を用いることで、オペレーターに左右されず、同じ品質の部品を供給できる体制を構築している。併せて、さらなる品質の安定を期し、工場に恒温室を設置して23±0.1℃を保っている。恒温室では24時間稼働が可能な研削盤に表示灯を付加し、天井カメラからスマートフォンによる遠隔での監視可能にしている。松井取締役は「中小企業が目指す方向性は、むしろ脱〝匠〟ではないか」と、このような取り組みの狙いを明かす。

## ◆生産分野以外へも投資

自動車分野以外の開拓にも余念がない。自社の鏡面加工、

六角パンチピンなどの安定供給を可能にしている

微細加工技術を展示会で紹介し、半導体、医療、航空機などでのニーズ調査を行っている。加工技術に関しては、年間1件は特許出願している。サカムラグループ内の企業に特許取得時の書類作成を依頼しており、グループの強みが発揮されている。

整理、整頓、清掃の3Sは基本。松井取締役は「生産現場が綺麗かどうかで、品質は決まる」という。片付いていない工場からは、それなりの品質の製品しか供給できない。3Sは生産現場だけでなく、社屋外観や社内の床面、従業員が昼食をとるスペースも整えるなど徹底しており、高品質かつ安定したモノづくりにつながっている。

## 社是・理念

The Pioneer of The New Value
新しい価値の製品とサービスを創造し、社会と業界に貢献をする

# パイオニア精神を継承し、真のグローバル企業へ成長

## ㈱島津製作所

1875年に創業した島津製作所は、「科学技術で社会に貢献する」という創業者のパイオニア精神を受け継いだ社是のもと、140年以上にわたり事業を展開してきた。国産初の医療用X線装置や日本初のガスクロマトグラフ、国産初のトリプル四重極型液体クロマトグラフ質量分析計などを開発し、各分野で地位を築いている。分析計測機器と医用画像診断機器、航空機器、産業機器の4事業を展開し、グループ全体の海外売上高比率は50%を超え、真のグローバル企業に向けて成長を続けている。

### 会社概要

本　社：京都市中京区西ノ京桑原町1
電話番号：075-823-1111　FAX：075-811-3188
主な事業所：支社（東京、関西）、工場（国内5カ所）、支店（国内12カ所）、研究所〔基盤技術研究所（京都府、東京都）、田中耕一記念質量分析研究所〕
設　立：1917年9月（創業1875年3月）
資本金：約266億円
従業員：1万1094名（2016年3月31日現在）
事　業：分析計測・医用・航空・産業機器などの製造・販売
売上高：3422億3600万円（2016年3月期連結）
ホームページ：http://www.shimadzu.co.jp/

代表取締役社長
上田 輝久 氏

## ◆現地にあった製品開発

主力の計測機器事業は、化学、製薬、大学、研究機関などで使われる分析装置が成長を牽引してきた。使用分野は食品や環境、素材、エネルギーなどにも広がりをみせ、分析装置で解析した科学的データを基に製品の改善や、品質を一定に保つ取り組みが世界的に拡大している。上田社長は「様々な企業がかなり緻密なモノづくりをするようになっている」という。

ただ、分析計測機器も世界各地でニーズは異なる。そこで現地の大学や研究機関との共同研究の推進や地域ごとのニーズを把握するための拠点をイノベーションセンターと銘打ち、先行して米国、中国に設立した。今後、欧州やアジアにもイノベーションセンターを構える考えだ。

2015年に開設した米国のイノベーションセンター（メリーランド州）は、高感度なガスクロマトグラフ質量分析計

140年以上にわたる事業を支える本社

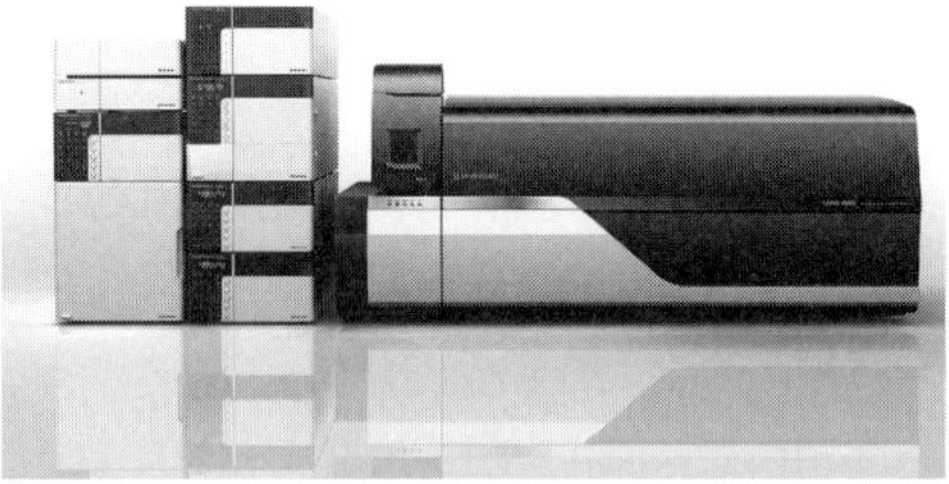
微量成分の高感度分析などができる液体クロマトグラフ質量分析装置「LCMS-8060」

（GC－MS）を用いた食品中の残留農薬分析に貢献するデータベース開発に結びついた。また、同年には中国に質量分析センター（北京市）を開設した。食品安全や臨床、製薬、環境などの分野に取り組み、現地に合った機器開発、課題解決策の提案に役立てる。分析計測機器、医用画像診断機器、産業機器に関しては中国国内に生産拠点があり、中国で事業展開する上で体制は充実している。

## ◆病気の超早期検査から予後管理まで

医用画像診断機器であるX線撮影装置は100年以上にわたり事業を継続している。低被ばくで高精度なイメージング画像が得られる血管撮影システムや、痛みを伴わない乳房専用PET（陽電子放射断層撮影）装置などを開発している。今後は、質量分析を中心とする分析技術とX線を中心とする

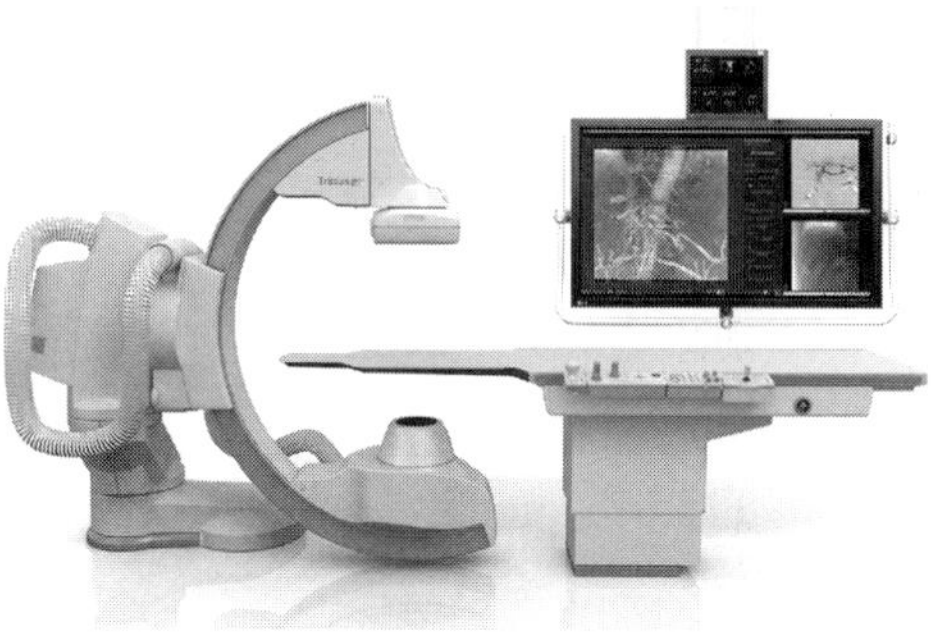

高画質透視などが特徴の
血管撮影システム
「Trinias F12 Mix package」

医用画像診断技術を組み合わせた超早期検査・診断・治療・予後管理までの総合支援を推進する。医療分野では大学や病院と連携して開発、実用化を進める。

２０１４～16年度の中期経営計画では、「真のグローバル企業へ」を掲げ、「世界の顧客の成長に資するイノベーティブカンパニー」を基本方針に取り組んできた。17年4月からは新中期経営計画が始まる。強みである分析計測機器をさらに伸ばして医用画像診断機器との事業間シナジーの創造を進め、ヘルスケア領域でより安定して持続的な成長を目指す方向性が見えている。

## 社是・理念

【社是】科学技術で社会に貢献する
【経営理念】「人と地球の健康」への願いを実現する

# 溶射技術で日本を「機械長寿」の国に

## ㈱シンコーメタリコン

産業機械や鉄鋼構造物などの金属表面に、耐摩耗性や耐食性などさまざまな機能を付加する溶射。この技術を専門とするシンコーメタリコンは国内で業界最長の歴史を誇る。また、最先端技術を積極的に取り入れ、多彩な用途へ柔軟に対応している。

溶射とは、溶融した金属、セラミックス、サーメットなどを吹きつけ、基材表面に機能性皮膜を形成する技術。船舶や橋梁などの大型構造物にも適用でき、自動車や航空機、鉄鋼、繊維、半導体など、多種多様な業界で採用されている。吹き

**会社概要**

**本　社**：滋賀県湖南市吉永405
**電話番号**：0748-72-3311
**F A X**：0748-72-3355
**主な事業所**：本社
**設　立**：1935年11月（創業1933年10月）
**資本金**：3000万円
**従業員**：76名
**事　業**：表面処理・溶射施工
**売上高**：11億500万円（2016年10月期）
**ホームページ**：http://www.shinco-metalicon.co.jp/

**代表取締役社長**
立石　豊 氏

つける材料や方法を変えることで、耐熱性や耐摩耗性、電気絶縁性、電気伝導性、耐食性など、用途や目的に合わせてさまざまな機能を付加できる。同社はそのために最新設備の導入を積極的に進めている。例えば、その一つであるコールドスプレー方式は、吹きつける材料を溶融しないため、皮膜の酸化を最小限に抑制できる。立石社長は、「通常25～50％程度の材料付着率を95％程度にまで高め、材料を有効活用できる」と期待を示す。その他には、粉末を混ぜた液体を使用して微細粒子の吹きつけを可能にするサスペンションプラズマ溶射などによる最先端の溶射皮膜を開発している。

今後は医療分野でも需要拡大が期待できる。粉末状の薬品を加工する医療機器では、薬品に金属成分が混じらないよう摩耗対策が必要不可欠となる。ジェネリック医薬品の生産拡大などが後押しとなっているという。

皮膜の酸化を最小限に抑えるコールドスプレー方式の溶射設備

滋賀県湖南市にある本社工場

◆日本で先駆けて工業製品向けに応用

立石社長の祖父である立石亨三氏が、日本に溶射技術を紹介した江沢謙二郎氏に出会い、1933年に創業。江沢氏は当初、美術工芸品向けの展開を考えていた一方、亨三氏は工業製品向けの将来性を見抜く。その読み通り、戦前からさまざまな産業で同社の溶射技術が使われ、技術の研さんも進んだ。

1983年に本社を京都市から現在の滋賀県湖南市へ移転した後は、溶射ロボットの導入など溶射施工の自動化に向け設備拡張を積極的に進めている。

◆「滋賀でいちばん大切にしたい会社」に認定

2006年には、社内用の業務管理システム「シン魂」を独自開発。生産工程、在庫状況、機械や作業者の進行状況などを全社的に把握できるようにして課題の共有を図ってい

年１回の海外旅行で社員との関係構築に努める

る。同システムは経済産業省のＩＴ経営による各賞を受賞するなど評価が高く、16年よりソフトの外販も始めた。

また、同社を語る上で外せないのが社員満足度の高さ。立石社長が「年一回の海外旅行への参加は入社時の必須条件」と大真面目で話すほど、社員との関係構築に心を砕く。そうした経営姿勢は、15年には滋賀県中小企業家同友会による「滋賀でいちばん大切にしたい会社」の認定につながり、注目を集めている。

溶射を施す大きな目的は、その素材の長寿命化だ。モノも人も大切にする経営を重視する根源はそこにある。

## 社是・理念

私たちが願う社会：日本を機械長寿の国に
私たちのありかた：機械に未来を溶射する

# 高度な継ぎ手技術でライフラインを守る

## ㈱水研

「技術立社」をかかげて水道用特殊継ぎ手や不断水工法を手がけ、研究開発型企業として注目を集めている。特に強靱さと柔軟さが求められる免震型の継ぎ手技術は、ライフラインを地震などの災害から守り、国内外から高い評価を受けている。近年、国内外で大地震が発生していることもあり、その存在感を増している。創業者で前社長の佐藤敏之会長は「水のようにかけがえのない存在でありたい」との思いを社名に託した。2015年にバトンを受けた藤本俊一社長は技術立社を踏襲し、「いい技術者と、たくさんのアイデアを最大限

**会社概要**

**本　　社**：滋賀県蒲生郡日野町北脇 206-7
**電話番号**：0748-53-8083
**F　A　X**：0748-53-8081
**主な事業所**：東京支店、名古屋支店、大阪支店
**設　　立**：1970 年 4 月
**資 本 金**：9560 万円
**従 業 員**：60 名
**事　　業**：上下水道管路用継手製品の開発、製造販売および不断水工事
**売 上 高**：15 億円（2016 年 3 月期）
**ホームページ**：http://www.suiken.jp/

**取締役社長**
藤本 俊一 氏

に生かし、さらに社業を発展させる」。その上で「部門間の情報共有を進めて開発のスピードアップを図り、顧客が必要とする時に提供する」と意気込む。

### ◆世界が認めた耐震継ぎ手、不断水工法

同社の歴史は技術開発の歴史だ。1971年のバルブ開閉機「ミニパワー」、1976年のメカニカル形管接合用特殊押輪「メカホルダー」など矢継ぎ早に新製品を投入してきた。水研の名を広く知らしめたのが1980年に開発した可とう伸縮管「フレキベンダー」だ。伸縮、屈曲、回転の複合変位により無理なく応力を吸収する構造で、ねじれにも強い。1986年にはより高性能の「スーパーフレキベンダー」を発売。サンフランシスコ大地震などで免震性能が実証され、また阪神淡路大震災では被害の報告がないなど世界に技術力

高い耐震性能を誇る
フレキベンダー

水を止めずに管工事ができるエスゲート施工工事の様子

が認められた。10万台以上が売れるヒット商品となっている。また1999年にはエンドミル（EM）穿孔機を利用し、水を止めずに既設管にソフトシール弁を設置できるEM不断水バルブ工法「エスゲート」を開発。米AVT社や韓国デプン建設社にライセンス供与されるなど世界で使用されている。「国内外で耐震需要が期待できる。不断水分野では1500㎜など管サイズの向上でニーズに応え、成長を加速させる」（藤本社長）考えだ。

## ◆新製品が続々、開発力を武器に

今も新製品が次々と投入され、技術立社の地位を強固にしている。今注目されているのが「絶縁型フレキベンダー」。ステンレス短管を一体化しており、鋳鉄管とステンレス管の接続時に起こる異種金属接触による腐食対策を不要にした。

工事コストの低減につながる回転式割Ｔ字管

継ぎ手の耐震性能として要求される離脱防止性能を確保しており、耐震管路に最適なものとなっている。また、免震ジョイント「メンシンベンダー」は免震構造ビルの設備配管用に開発した専用継ぎ手。反力の発生がなく複合変位にスムーズに順応する。「回転式割T字管」はバルブレスで不断水穿孔が可能。穿孔後は市販のバタフライバルブなどが設置でき、工事のトータルコストを大幅に低減できる。

「当社の強みは開発力。創業以来のノウハウと経験が開発スピードを加速させる」と世界に感動を与える開発への挑戦を続けていく。

**社是・理念**

会社は社員あっての会社。「技術立社」の精神を踏まえ「努力と感動」で創り上げる壮大な作品。できない理由を考えるよりできる理由を考え、世界に通用する新製品、新技術を開発し顧客の満足を得る。

# ポストプレスの総合メーカー

## 太陽精機㈱

太陽精機は、印刷の後工程に関わる装置をトータルで提供できるメーカーだ。多品種少量生産に対応するオンデマンド製本機では、世界シェアナンバーワンを誇る。注文を受けてから、本を1冊でも印刷し販売するオンデマン製本が既に現実となっているが、こうした製本工程を支えているのが同社の「Horizon（ホリゾン）」ブランドの製品だ。情報のデジタル化により紙の印刷物は減少する一方と思われた。しかし、米国や日本の印刷出荷高の減少は下げ止まった感がある。例えば米国の通信販売大手では、小説を電子ブックで購入した

**会社概要**

**本　　社**：京都市南区久世東土川町 242
**電話番号**：075-921-9211
**F A X**：075-934-8886
**主な事業所**：びわこ工場など本社以外で 2 カ所
**設　　立**：1953 年 8 月
**資 本 金**：5880 万円（連結）
**従 業 員**：540 名（連結）
**事　　業**：製本関連機器の開発・製造・販売
**売 上 高**：161 億円（2016 年 7 月期連結）
**ホームページ**：http://www.taiyo-seiki.jp/

代表取締役社長
堀　英二郎 氏

読者は紙の本を購入するケースが多いという。また、大手通販では実際の書店を開設する動きもある。紙の印刷物の良さが見直される好機でもある。

### ◆印刷から製本まで一気通貫に

２０１６年にデジタル印刷機の印字品質が向上した。堀社長はＢ２以上のデジタル印刷機はスピード・大判化・コストの点で、インクジェットが伸びると見ている。16年の印刷関連機器の総合展示会「drupa（ドロッパ）２０１６」では、Ｂ１サイズに対応するデジタル印刷機が登場した。

同社の英国での製本システムの納入事例では、デジタル印刷機でロール紙に印刷し、平均して2冊単位で異なる本を作っている。ロール紙には、冊数も内容も異なる本が印刷され、その後に断ち・折り・のり・三方断裁で仕上げて本にな

1976年に設置したびわこ工場

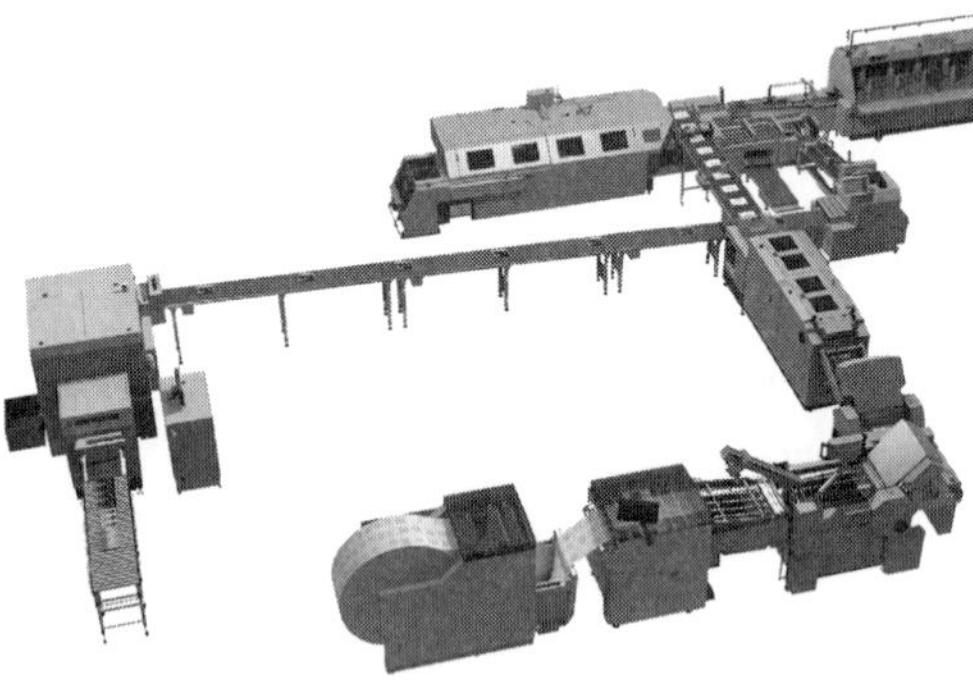

ロール紙から本を作るスマートバインディングシステム

る。海外ではこうした印刷から製本まで一気通貫で行うインラインが普通になってきた。同社は顧客ニーズに応えて、顧客の生産管理システムに合うようにインターフェースを開発し、印刷から製本までを一気通貫で行うワークフローを開発した。「メカだけなく、ソフトウエアを開発する力もあるのが当社の強み」と堀社長は話す。

◆**製本機の中心地に**

同社の売上高の6割は海外が占める。印刷から製本まで先行している海外の自動化ニーズに応えた製品開発を行い、日本市場にも投入する。今後の製本システムには多能工や女性にも使いやすい装置、素人が使ってもプロの仕上げの装置の開発などが求められる。堀社長は「企業ポリシーとして、自前の製造ラインでモノづくりの苦労をしないと本当の開発は

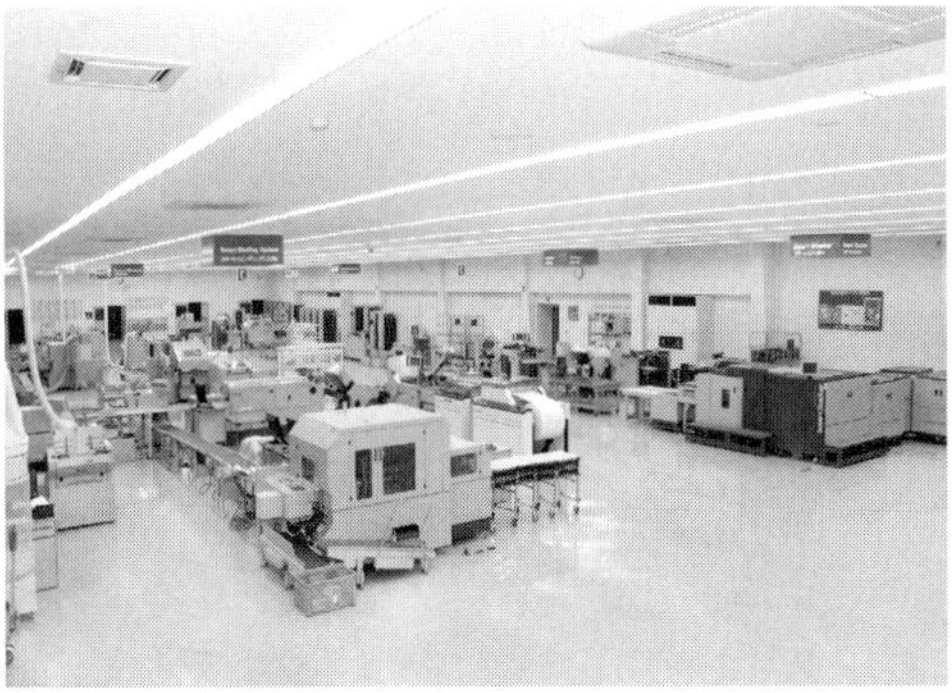

新たなビジネスモデルを提案する場として開設したHorizon ACADEMY

できない」と語る。前社長の故・堀八郎氏は「モノづくりをするには、広い土地がいる」として、1976年に滋賀県新旭町（現在の滋賀県高島市）に、約15万㎡の土地を購入し、びわこ工場を開設した。

2015年には、びわこ工場のテクニカルセンターを拡張し、名称を「Horizon ACADEMY」に改めた。実際の商品を置いて顧客とともに学び、新たなビジネスモデルを提案するのが狙いだ。堀社長には、びわこ工場を世界的な製本機械の中心地にしたいとの思いがある。それに向けた取り組みは既に始まっている。

## 社是・理念

つねに創造力を働かせ「ものを創ること」に徹し、印刷情報媒体を処理する製本システムの提供で、世界の情報産業に貢献する。

# ステンレスの大物加工が得意な企業として存在感

## ㈱ＴＩＦ

「大物」と呼ばれる産業機械や建設機械用の大型部品の機械加工を手がける。旋盤やマシニングセンター（ＭＣ）操作の職人技にたけ、一辺が１ｍを超える大型部品加工に対応できる、京都地域内ではきわめて稀な事業者だ。また、刃物の消耗や手直しのリスクが高いため、他の事業者が敬遠しがちなステンレス素材を中心に手がける特異性もあわせ持つ。遠山社長は常々「人ができないことをしよう」と口にするが、まさにステンレスなどの大物加工という他社ができない事業が存在感を放っている。

**会社概要**

本　　社：京都府八幡市内里北ノ山 14
電話番号：075-971-3993
ＦＡＸ：075-971-3994
主な事業所：本社工場
設　　立：2009 年 7 月
資本金：800 万円
事　　業：ステンレス中心の大型部品加工

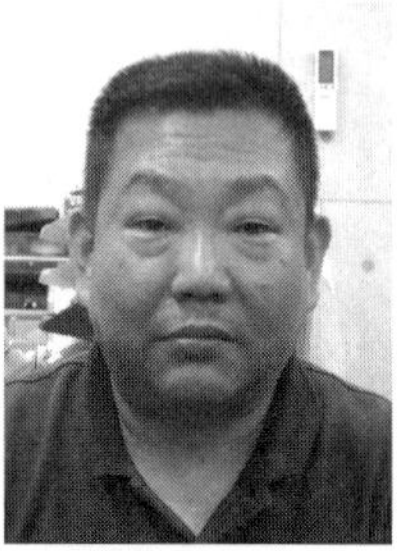

代表取締役社長
遠山 達次 氏

## ◆遠心分離機部材などで高精度加工を実証

今、同社が安定して受注しているのが食品や医療機器に使われる遠心分離機の軸などの大型部品やトラス橋の構造材、防衛省関連などだ。旋盤・マシニング・溶接の各加工プロセスを一貫生産でき、大型部品の高精度加工を強みとする。たとえば直径2mの遠心分離機に使われる長さ1・6mの軸の加工精度は、上下の誤差が20㎛と高精度を誇る。ぶれることなく高速回転でき、「成分の取り出し作業の高精度化や高速化に役立つとリピートが絶えない」(遠山社長)と顧客からの評価は高い。

橋梁部材事業は従来品の加工精度の低さを橋梁メーカーに相談したことから主力事業となった。「積極的な営業はしていない。大物加工が得意な業者として口コミで当社の知名度が広がっている」(同)という。代表的な事例では防衛省関

複数の加工機を備える工場全景

超大型遠心分離機の部材

連で、口径12cm、長さは最長で12mのワークを、長さ6mの加工台を備える旋盤を使いこなして納品した。この分野でも大物加工における高精度加工を実証している。

## ◆航空機や老朽機械の復元事業に参入

遠山社長は同社の前身の鉄工所に勤めていたが、後継者難から工作機械ともども譲られる格好で、2009年に同社を設立した。この間、経済産業省の革新事業認定などを経て生産体制を整え、16年にオークマ製縦型MCを導入するなど旋盤とあわせて8台の加工機を保有する。

新たな挑戦が始まった。「より大型の部品加工を目指す」と、新分野でもある航空機部材加工の取り扱いを始めた。長さ6m以上の加工台を備えた旋盤の導入も計画する。

また、老朽化した医療機械や産業機械の復元事業も本格化

長さ6mの加工ができる大型旋盤

させる。摩耗や欠落した部品や部材を3Dスキャナーなどを活用して復元しようというものだ。「中小の事業者にとって機械が止まることは、仕事がなくなることに通じる」とし、産業振興や貢献に結び付けている。15年には造り酒屋で酒の充填機を復元するなど依頼は増えている。

「大物加工の潜在需要は多いが、業者は少ない」。このシンプルな経営方針を〝勝利の方程式〟として、その存在感をますます高めている。

## 社是・理念

「できない理由よりできる理由を探す」をモットーとしており、不可能を可能にするための加工を繰り返しているので「出来ない！」というより「絶対に出来る！」という自信を持って、仕事を受注し、お役に立ってきた。そのことが当社の経験や知識の源となっている。

# 小型風力発電機で存在感

## 内外特殊エンジ㈱

3年後には小型風力発電機のトップとして存在感を放つと、岩見社長は確信している。ビルや工場の屋上、店舗や防災施設などで小型風力発電機「セイル ジェネレーター」が設置され、再生可能エネルギーの供給スポット、またランドマークとして存在感を示す。そんな光景を思い浮かべている。

染色関連機械や省エネルギー機器など開発してきた装置の評価は高い。難しい技術のため、誰もが開発を反対している製品はヒットするという独自の哲学でリードしてきた。「小型風力発電機はこれまでで最も反対された製品。だからこそ

**会社概要**

**本　　社**：京都市南区吉祥院石原堂ノ後町 11
**電話番号**：075-672-0551
**F A X**：075-661-0822
**主な事業所**：内外特殊染工（関連会社）
**設　　立**：1993 年 9 月（創業 1936 年 9 月）
**資 本 金**：2100 万円
**従 業 員**：60 名（関連会社含む）
**事　　業**：特殊繊維機械、省エネ機器・発電機器の製造販売
**売 上 高**：10 億円（2016 年 2 月期、関連会社含む）
**ホームページ**：http://www.naigai-special.co.jp/

**代表取締役**
岩見 秀雄 氏

大ヒットの自信がある」と言い切る。2015年開発の発電機は大手エネルギー会社やコンビニエンスチェーンから共同展開を打診されるなど大きな飛躍を予感させる。京都府中小企業技術大賞優秀技術賞に選ばれるなど評価も高い。

### ◆染色機械から省エネ機械へ

同社は1936年創業の内外特殊練染工場（現・内外特殊染工）のエンジニアリング部門としてスタート。高校で化学教師をしていた岩見社長は、海外勢との厳しい競合を戦うための効率化や機械化を頼られ、家業である内外特殊染工から入社を求められた。成果は早かった。入社数年後の70年頃には、役立つ機械がたくさんある染工場として評判になった。

1993年に同業者が染色機械が購入できるよう分社独立し、現在の内外特殊エンジを設立。世界的なヒットとなった

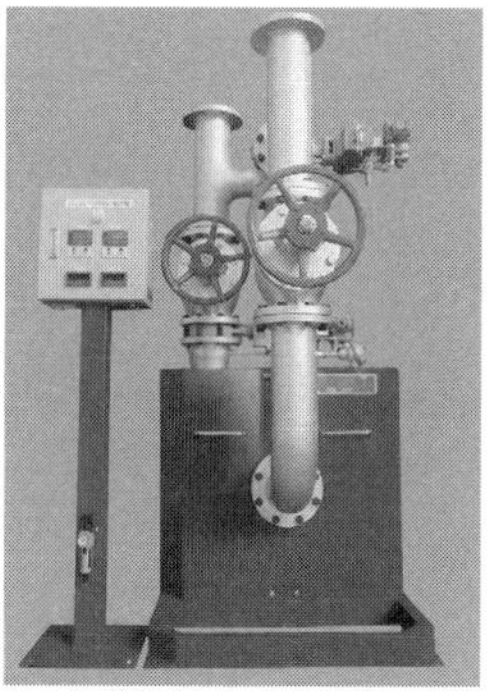

ボイラー蒸気の節減に役立つ
バイソンサイクロン

小型風力発電機
「セイル ジェネレーター」

プリント用スチーマーをはじめ、しわ加工機、水洗機、起毛機、乾燥機などさまざまな染色機械を生み出し、狙い通り国内外から受注が相次いだ。2009年にはボイラーの省エネに役立つ蒸気省エネ機「バイソンサイクロン」を開発。省エネ機器市場に進出を果たし、食品工場をはじめ化学工場、製紙工場、電子部品工場、その他製造工場へ、ボイラーを必要としている企業へと進出。その後の現在の小型風力発電機へと続く道筋をつけている。

### ◆そよ風で発電

「そよ風で発電」というキャッチフレーズを実現した「セイル ジェネレーター」は大きな衝撃を与えた。わずか風速1・5mという自然な風で発電を開始するという、これまでの常識にはない発電機だったからだ。ヨットの原理を応用し、風

本社屋上で小型風力発電機が発電中

の力を最大限に生かせるよう羽根の構造や形状を工夫し実現した。

現在、売電制度に着目し回生電気で発電する小型風力発電機インバーター（最大出力３kW／ｈ）タイプと、自家発電用に風力と太陽光発電を組み合わせたハイブリッド発電システム（同２・５kW／ｈ）の２タイプをラインアップ。売電事業、浄化槽、屋外トイレや防災設備、道の駅などに提案している。また、環境関連の展示会などにも積極的に出展し認知は着実に高まってきた。

本社屋上では小型風力発電機が発電中だ。「将来のありふれた光景となるよう」普及を目指す。

## 社是・理念

こんな物、こんな機械が有れば、自分の一生で助かると思えば作れば良い。難しければ難しいほど、世の中で、先で役に立つのである。

# きさげ加工で高精密な研削盤を実現

## 長島精工㈱

高精密な研削盤を一台一台手作業で製造する長島精工。非常に手間のかかる「きさげ加工」を採用する研削盤メーカーとしては、今や国内でも数少ない存在だ。完全な受注生産にこだわっており、その品質は全国各地で評価を受けている。

主力事業は平面研削盤と円筒研削盤の製造で、合わせて売上高の7割を占める。いずれも切り込み精度の誤差1μmというような高精度な商品ばかり。それを実現するのが、作業台の摺動面などに施す、きさげ加工という技術だ。

平面研削盤では、工作物を乗せた作業台を動かしながら回

**会社概要**

本　　社：京都府宇治市大久保町成手 1-29
電話番号：0774-45-3611
F A X：0774-45-3600
主な事業所：本社、城陽工場
設　　立：1977年7月
資 本 金：1000万円
従 業 員：46名
事　　業：各種精密研削盤、工業用大型ミシン
売 上 高：9億円（2016年6月期）
ホームページ：http://www.nagashima-seiko.co.jp/

代表取締役社長
長島　基 氏

転砥石を当てて加工する。そのため作業台のスライドの精度が大きな要素となる。そこで、きさげと呼ばれるノミに似た工具を使って作業台の摺動面を手作業で削り、金属表面に微細な凹凸を作る。その凹みに潤滑油が入り込むことで金属同士の摩擦係数を低減し、滑らかなスライドを実現する。また加工により摺動面が均一に摩耗する構造となるため、長年使用しても精度が狂いにくくなる。

### ◆オーバーホール事業による技術力の蓄積

きさげ加工は、かつてはどの研削盤メーカーでも持っていた技術。ところが熟練を要し手間もかかるため大量生産に対応できず、採用するメーカーは激減した。それでも長島精工がこうした精密さにこだわる背景には、創業時から続くオーバーホール事業がある。

きさげ加工の様子

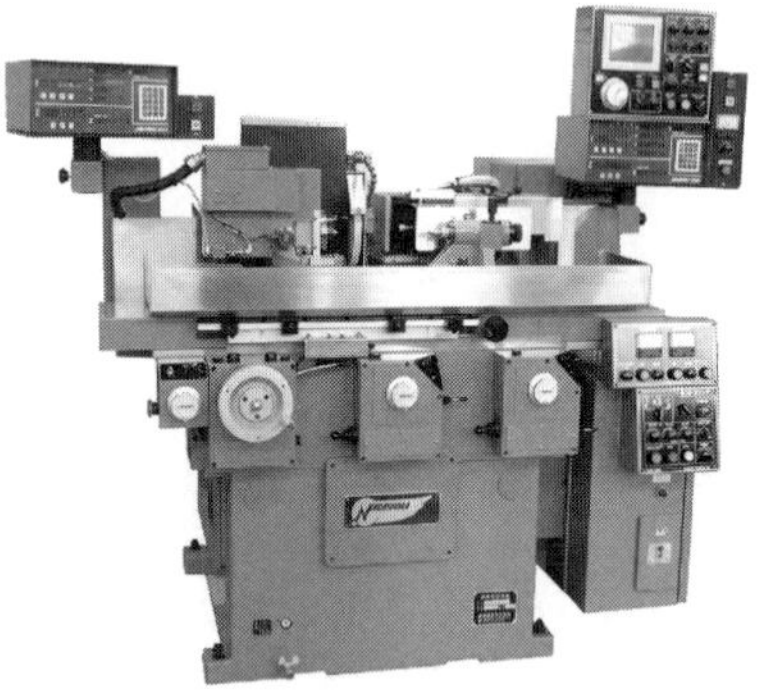

超高精度複合小型円筒
研削盤「NOG200-F」

日本製に限らず海外製も含め、幅広く研削盤の修理に対応する。中には設計図が残っていないような戦時中の商品もある。それらを外観で大まかに判断した後、分解して内部構造を独自分析して設計図を起こす。そして部分的に新型部品を採用するなどして、元通りの性能を復活させる。長島社長は「新規に商品を作るよりもずっと難しいが、社員の技術力向上へ確実につながっている」と話す。

### ◆部品内製化を進めて利益率の向上を

創業は部品製造の下請けから。長島社長の父である長島善之会長が、大手機械メーカーを退職して始めた。ある時、大手電機メーカーに納入されたドイツ・ユング社製の研削盤の修理を担当した際に高い評価を受けたことがきっかけで、独自の研削盤製造事業がスタート。以後、高精度な商品ライン

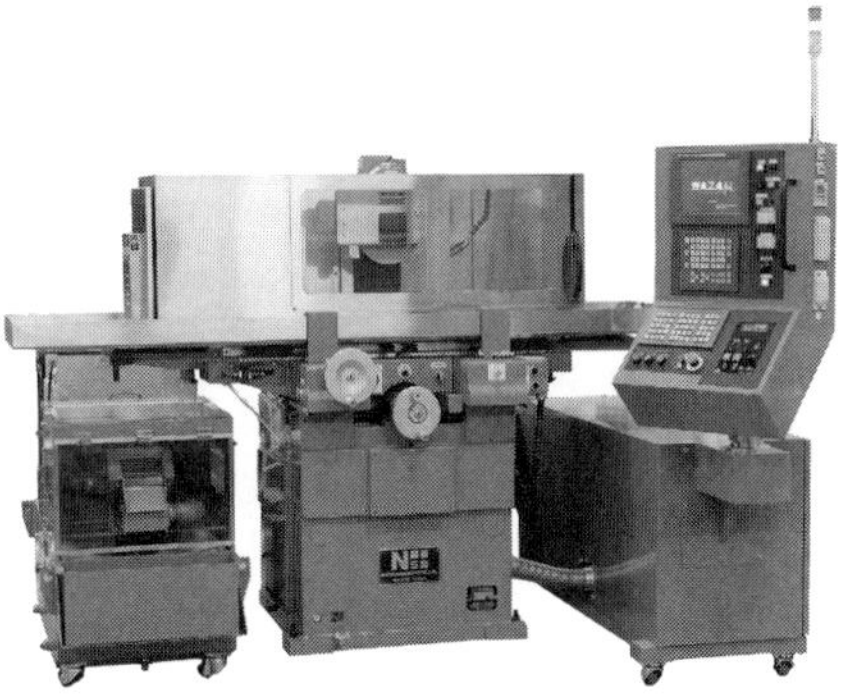

超精密CNC成形平面研削盤「WAZA μ」

アップの拡充を続けている。ただ、大量生産できるビジネスモデルではない。大幅な売上高増を狙うのではなく、効率化による利益率向上を目的として、一部、機械製造に係る内製化を2010年ごろから始めた。社内製作と外部調達とのバランスにより経費削減につなげている。ここにきて、長年のオーバーホール事業と独自商品製造で培ったノウハウが生かされることとなった。

一つひとつの商品には担当技術者の名前入りプレートがつく。顧客に対する品質保証と同時に、技術者の自負と責任感の育成につながっている。こうした点にも、高品質を生み出す秘訣が垣間見える。

**社是・理念**

ユーザーが納得できる工作機械を、たとえ1台といえども、「丈夫で安心」、「使い易い」、「使い手を選ばない」の3点を守り、日夜機械造りを続けております。

# 大量生産の現場を支えるスリッターで世界展開

## ㈱西村製作所

紙やフィルムなどを一定幅で切断し巻き取るスリッターを、初めて国産化したことで知られる。国内5社の競合他社の中でも累計生産台数はトップを誇る。完全受注生産と手厚いメンテナンスを武器に「NSスリッター」ブランドとして展開。近年は中国や韓国向けの出荷比率が向上し、海外戦略の重要性が高まっている。

スリッターとは、紙やフィルム、アルミ箔などさまざまなシート状の材料を、円盤型ナイフで縦方向に切断し、ロールに巻き取って製品化するための機械。大量生産する素材メー

**会社概要**

本　社：京都市南区上鳥羽南苗代町 21
電話番号：075-681-0351
F A X：075-681-4610
主な事業所：東京支店、宇治第一工場、宇治第二工場
設　立：1957 年 4 月（創業 1946 年 1 月）
資 本 金：3 億 7600 万円
従 業 員：131 名
事　業：スリッター（自動切断巻取機）の設計・製造・販売・メンテナンス
売 上 高：34 億 5000 万円（2016 年 3 月期）
ホームページ：http://www.ns-slitter.co.jp/

代表取締役社長
西村 久人 氏

カーにとって欠かせない設備の一つだ。近年は、特にリチウムイオン二次電池の材料として用いる銅箔、アルミ箔、セパレーターなどに特化したシリーズが好調で、これらが売上高の6~7割を占める。顧客の大半は中国や韓国などのバッテリーやフィルムのメーカー。特に中国ではスマートフォン向けや自動車向けに、二次電池の需要は今後も継続するとみられている。

## ◆過去の設計資料をすべて社内に保管

技術的なポイントは、ロール部から切断部に流れるシート状の素材の張力や円盤型ナイフの先端形状など、いかに微細な調整ができるか。素材の切断面が悪いと二次電池の電極では発火の原因にもなり得る。こうした事態を招かないため設計担当者を40人も抱え、それぞれの顧客に完全受注生産で対

スリッターはロール状の紙やフィルムを切断し、再びロール状に巻き取る

スリッターにより製品化された電極材は切断面に品質の差が出る

応している。また、手厚いメンテナンス対応にも定評がある。たとえ生産を中止した過去のスリッターであっても、修理依頼を断ることはない。本社倉庫には、これまで手がけた機械の図面や仕様書、設計書のほぼすべてをファイルにとじて保管してある。これら過去の資料を随時参照して修理対応に当たっている。

### ◆バランスシートに載らない資産は「人」

創業当初は大手メーカーの機械修理や部品加工の下請け事業だった。ドイツ製スリッターをオーバーホールしたことを契機に、1954年に国産第一号を試作した。その後、ナイフのサイズ規格に西村製作所がつけた呼称が使用されるまでに規模が拡大した。時代の要請に応じて、フィルムや写真、ビデオテープなどでスリッターの需要は拡大。その素材を使用

市営地下鉄十条駅近くにある本社工場

する家電製品などの時代が終わればスリッターの需要も激減する宿命にある中、技術は次の改良へと確実に受け継がれてきた。

完全受注生産のため、これまで新規営業の機会は少なかった。そんな現状に西村社長は、「東南アジアやインドなどに向け、こちらから動かないといけない」と危機感を示す。

また、社員に対して財務面でも透明性が高いのも特徴的。「バランスシートに載らない『人』という資産こそ、大切にしなければいけない」が西村社長の真意だ。2021年には40億円規模の売上高を目指し、さらなる拡大を続ける。

## 社是・理念

アイデアを練り、独創的な技術を開発し、常に目標意識をもち、自己を磨き、一致協力して企業の発展と社会への貢献に努めよう

# 精密プレス加工による自動車向け精密部品でシェア拡大

## 日伸工業㈱

自動車やスマートフォン向け部品を中心に精密プレス加工や金型の設計・製作を手がける。コア技術は、切削工程を一切行わずに三次元造形物をつくるプレス技術。かつてはブラウン管テレビの電子銃向けで圧倒的なシェアを持っていた。現在はその技術を生かし、電装化が進む自動車部品向けでシェアを拡大し続けている。

強みである小型で精密な部品加工を実現しているのが、一枚の金属板に圧力を加えて常温で加工する深絞りや板鍛造といったプレス技術だ。細長いパイプ形状や角のあるパッケー

**会社概要**

**本　　社**：滋賀県大津市月輪 1-1-1
**電話番号**：077-545-3011　**FAX**：077-543-8761
**主な事業所**：宇都宮工場、大垣工場、オハイオ工場、北京工場、上海工場、シンガポール工場、インドネシア・バタム工場
**設　　立**：1959 年 8 月 1 日
**資 本 金**：9000 万円　**従業員**：1100 名
**事　　業**：精密プレス部品の製造および組立、精密プレス金型の設計・製作
**売 上 高**：183 億円
**ホームページ**：http://www.nissinjpn.co.jp/

**代表取締役社長**
清水 貴之 氏

ジ形状であっても切削加工の工程が一切不要。そのため金属の細かい切りくずが発生せず、素材を有効活用できる。また、常温加工のため加工設備の消費電力も大きく削減できる。

### ◆精密プレスの強みで自動車業界に入り込む

現在の生産品目の約8割が自動車部品。ハイブリッド車（HV）や電気自動車（EV）の車載電池部品、ブレーキ関連部品、排ガスセンサー部品、ステアリング舵角センサー部品など幅広い。どれも大手自動車部品メーカーへ納入され、世界シェアの2割近くを占めるものもある。清水社長は「エコな工法でエコなモノをつくるのが我が社の特徴」と、深絞りや板鍛造でEV向け部品を手がける現在の展開に自信をのぞかせる。

自動車業界で高シェアを獲得できたのは、自動車の電装化

大津市の本社工場の外観

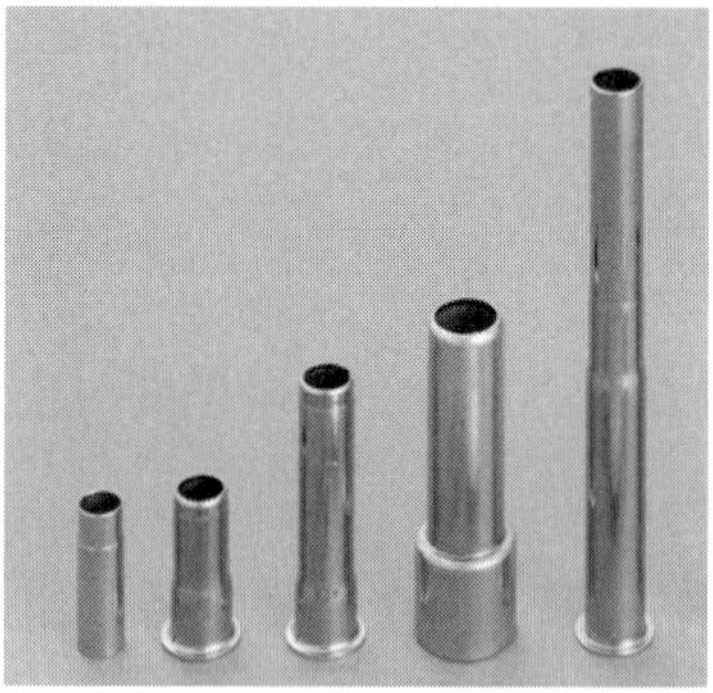

パイプ形状の部品も
切削加工ゼロで実現する

が進み、小型で精密な部品が要求されるようになった背景がある。これまで同業界向けといえば大型部品が中心だったため、既存のプレスメーカーにとって精密部品への対応は困難。その新領域に見事に入り込み、特定の系列に依存しない戦略で着実に成長してきた。

## ◆ブラウン管テレビ用電子銃からの大転換

会社のルーツはプレス機製造会社の金型製造部門。大手電機メーカーからブラウン管テレビの電子銃用プレス部品の製造を受注するにあたり、精密プレス加工事業が1959年に独立して日伸工業として創業した。同電機メーカーの世界展開に合わせて海外工場での生産拠点を拡大。最盛期には国内大手電機メーカー各社のブラウン管テレビの電子銃を、ほぼすべて手がけていた。

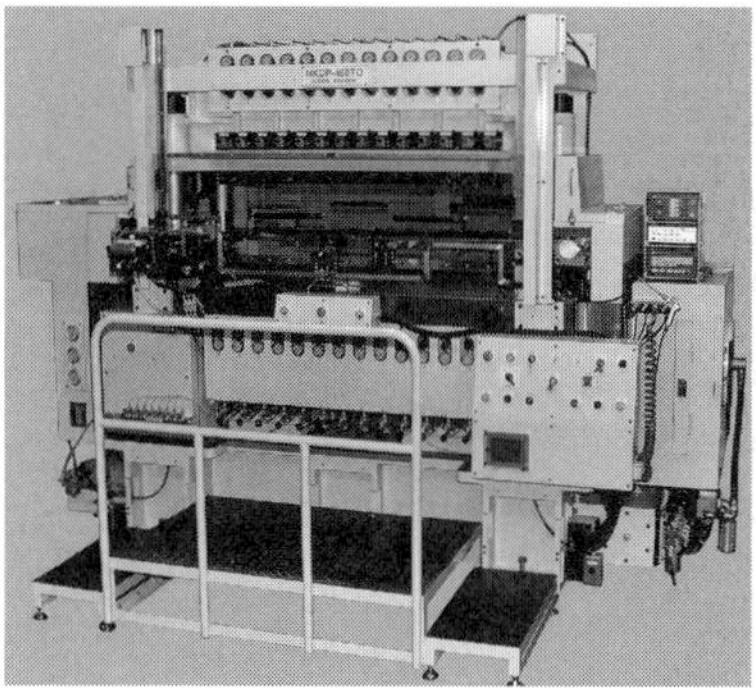

関連会社キョウシンエンジニアリングと共同開発した、高精度・高効率の深絞り用トランスファープレス機

ところが、電子銃を使わないフラットテレビが登場したことで事態は一変。製品の多角化で打開を図るが、リーマンショックで再び落ち込む。その後の救世主となったのが自動車部品だった。これまで培った精密プレス技術と、かつて広げた海外拠点を生かし、グローバル体制で部品供給を実現している。

近年は部品加工時のバリをなくした「ラウンドトリム」工法を独自開発するなど、環境負荷の低減も推進。2019年に創業60周年を迎えるにあたり、連結売上高で200億円超の目標を示す。今後も海外生産割合を高めて、さらなる飛躍をめざす。

## 社是・理念

我等の製品は常に世界の人々に愛されている。
誇りと信念を持って、一歩一歩着実に前進しよう。

# 精密部品加工と超高精度ホーニング盤の総合メーカー

## ㈱日進製作所

日進製作所は自動車、バイク、ミシンなどの精密部品を手がける。超精密部品の穴の仕上げ加工に用いる超高精度ホーニング盤の総合メーカーでもある。

２０１６年には創業70周年を迎えた京都丹後地域の有力企業だ。19年度には、売上高２５０億円を目指す。海外進出も早く、中国では１９９７年から、二輪車用の部品生産を開始した。

**会社概要**

本　　社：京都府京丹後市峰山町千歳 22
電話番号：0772-62-1111
ＦＡＸ：0772-62-3202
主な事業所：本社工場、赤坂工場、荒山工場、市島工場
設　　立：1946 年 9 月
資本金：8 億 5000 万円
従業員：790 名
事　　業：精密部品、自動車・オートバイ部品、工作機械の製造販売
売上高：233 億円　(2016 年 3 月期)
ホームページ：http://www.nissin-mfg.co.jp/

代表取締役社長
前田 昌則 氏

## ◆ホーニング加工・機械に強み

売上高の構成比率は、自動車・二輪車用部品が約40％、工作機械が約23％、試作その他が約30％、精密部品が5％程度となっている。自動車部品では、カムシャフトからの動力を受けて、吸気バルブ・排気バルブを作動させるロッカーアームを手がける。高出力と低燃費の高性能を両立させるため、高い開発・製造技術が要求される。またオートバイ用のロッカーアームも手がけている。今後は、より高精度なレース用部品などを取り込む考えだ。

ホーニング加工は、砥石を回転させて往復させせながら穴の内面を加圧し、面接触による研削を多量の研削液の中で行う精密加工だ。このため仕上げ面には独特の網目模様が形成され、優れた摺動面ができる。

同社のホーニング盤の強みは、さまざまな小径のワークを

高出力と低燃費を両立した
ロッカーアーム

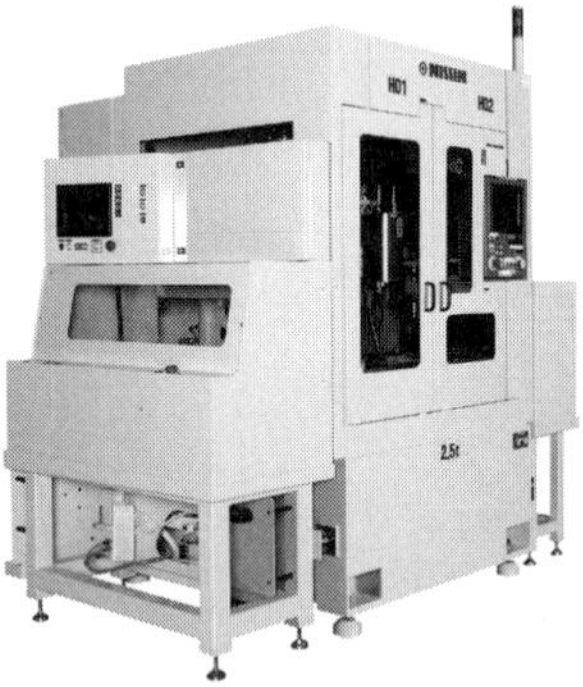

目的に合わせて組み合わせが可能なセル型ホーニング盤

加工した実績があり、形状や材質などを選ばず精度が出せることだ。セル型ホーニング盤は投入セル、加工セル、リターン・搬出セルを目的に合わせて組み合わせることができる。また、嵌合《かんごう》する部品の軸径を計り、指定されたクリアランス内に穴径を仕上げるマッチホーニング機能もある。

前田社長は「ホーニング盤は、自動化しやすく、多数個取りができることから、コスト削減につながる」という。ホーニング盤を製造する赤坂工場（京都府京丹後市）では、ホーニング加工に用いる、砥石、マンドレルなどの工具も生産しており、ユーザーの要望に迅速に応えられるのも強みだ。

## ◆医療機器、介護分野なども検討

前田社長は「付加価値の高い、精密加工にこだわった部品をやっていきたい。素材から一貫してできる部品があればい

京丹後市の本社・工場

い」という。自動車部品はエンジン部品以外にもミッション部品などにも広げる。自動車業界以外にも、精密加工で量がでる部品なども対象に検討する。

新規事業としては、医療機器分野、介護分野での事業機会をリサーチしている段階だ。精密な加工が生きる部品分野を検討しており、医療機器分野では、既に大学との共同研究も実施している。同社では工作機械を製造しており機械、電気、ソフトウエアの3つの技術分野が分かる。今後、これらの強みを新規事業で生かす。

## 社是・理念

当社は創立の理念を尊重し、世界的視野のもとに生産事業を通じて未来を創造する。

1. 優秀な製品を誠意をこめて提供する。
2. 常に夢と希望をもち、社員の幸福を追求する。
3. 株主、会社関係先及び広く社会に貢献する。

# ロータリージョイントの草分け的メーカー

## ㈱日本ジョイント

あらゆる産業分野の工場で、機械装置の回転部分に水や蒸気のような媒体を供給するために使用するロータリージョイント。日本ジョイントは、このユニットを製造する国内メーカーとして草分け的な存在だ。製鉄やゴム、プラスチックなど多様な業界に納入。中でも主力は製紙業界向けで、国内シェアの90％近くを占めている。

製紙の工程では、大量の水分を含んだパルプを乾燥させるために、高温の蒸気を供給する必要がある。その蒸気の供給に、日本ジョイントのロータリージョイントが使われる。製

**会社概要**

**本　　社**：京都府久世郡久御山町市田北浦55
**電話番号**：0774-23-3211
**F　A　X**：0774-24-0655
**主な事業所**：静岡営業所
**設　　立**：1964年6月
**資 本 金**：1326万円
**従 業 員**：24名
**事　　業**：ロータリージョイント他の製造販売
**売 上 高**：5億2176万円(2016年1月期)
**ホームページ**：http://www.nippon-joint.co.jp/

**代表取締役社長**
川口 剛史 氏

品の特徴は、使用する蒸気の消費量を独自のノウハウで計算できること。その結果、消費量を最小限に抑えて最大限の効果を上げるように調整することができ、工場内設備の高効率化に貢献している。

### ◆米国最大手メーカーとの技術提携で発展

このような技術は、米国のロータリージョイントメーカー・最大手ケイデントジョンソン社との提携によるものだ。日本ジョイントは同社と同規格の製品を製造し、日本国内と東南アジア向けに販売している。そのため、消耗部品の交換も当然同じ。ケイデントジョンソン社は世界的に展開しているので、「世界中どこの現場で使用しても、故障時などには迅速にアフターフォローできる」と、川口社長は自信をのぞかせる。

本社外観

現場で使用される
ロータリージョイント

もともとは市金工業社として繊維の幅出し機（テンター）などを製造していた。その当時、テンターに付属していたのが、小規模なロータリージョイントだった。そのロータリージョイントの事業性に着目した大手総合商社の仲介により、米ジョンソン社（現・ケイデントジョンソン社）と出会い、技術提携に至った。1964年には市川工業社として分離独立。翌年、現社名へ変更した。当時、国内向けに高性能なロータリージョイントを製造販売する企業は少なく、確実にシェアを伸ばしていった。

一方で市金工業社は現在、滋賀県草津市に本社を移し、フィルム延伸装置などの製造で独自に展開している。

## ◆製紙業界以外への展開強化を

ロータリージョイント以外にも、海外メーカーとの提携か

重曹を用いて洗浄対象物を傷つけない
ソビジェット洗浄機

ら始まった事業が多い。それが、パルプの繊維の品質を安定させるためのフリーネス測定装置の製造販売や、重曹を使用する洗浄システム「ソビジェット」の輸入販売などだ。

現在の課題は、主力のロータリージョイントを新しい業界で拡大させること。製紙業界では圧倒的な知名度を誇るが、業界が違うとそうはいかないのが実状だ。独自のメンテナンス部隊の創設や、高付加価値製品のラインアップ追加などの取り組みにより、他社との差別化を強化する。「日本ジョイントに任せておけば大丈夫」と言われるように信頼性をさらに高めていく。

## 社是・理念

一、何事にも謙虚な気持ちで
一、何事にも誠意をもって
一、何事にも挑戦しよう

# 油圧機器で静かに産業界を安定して支える

## 廣瀬バルブ工業㈱

油圧バルブや昇圧機など油圧機器に強く、中でも油圧用ストップバルブは国内シェア8割以上と圧倒的な強さを持つ。「流体が漏れない」にこだわった高い技術力と妥協を許さない品質管理、ユーザーニーズにきめ細かく対応した製品開発力など、「当社が強みとする、モノづくりの総合力がユーザーの高い評価につながっている」と小野社長は胸を張る。製鉄プラントや建設機械、船舶、工作機械などに加え、食品や医療、航空宇宙などさまざまな業界から関心が寄せられている。経営理念の注釈では「気をとめられないほど高い品質…」と

### 会社概要

本　　社：滋賀県彦根市芹川町 436
電話番号：0749-23-2020
F　A　X：0749-23-2027
主な事業所：本社工場、安清工場、営業所（中部、東京、大阪）
設　　立：1943 年 9 月（創業 1923 年 6 月）
資 本 金：1 億円
従 業 員：120 名
事　　業：油圧用バルブ、油圧機器
売 上 高：21 億 7000 万円（2016 年 3 月期）
ホームページ：http://www.hirose-valves.co.jp/

代表取締役社長
小野 慎一 氏

うたう。産業に不可欠な製品を提供する同社にとって、「気付かれないことは、製品は安心安全で不具合がないことの証拠」を自負に、産業界を支えている。

創業は1923年。彦根バルブの創始者の門野留吉のおい、廣瀬善吉がバルブコックの販売を始めた。転機は1964年で、油漏れのない操作性に優れた軽作動ストップバルブの開発だ。以降、研究開発の強化や製品力の充実を積み重ね、現在の基礎を築いた。サイズは指先に乗る小型から重量2tの超大型まで、手動開閉式から電磁操作式へ、また、高圧化要望に応えた仕様の追加などユーザーニーズに対応し、年間の取り扱いは1万機種にも及ぶ。

## ◆アクアドライブ技術など新分野を強化

今後の成長に向けて注力するのが新市場や新分野の強化だ。

主力製品の電磁操作式
ストップバルブ

将来の事業の柱として期待される
アクアドライブシステム用リリーフバルブ

製品では看板の電磁操作式ストップバルブで35MPaタイプなど超高圧対応を充実。また、業界団体の日本フルードパワー工業会に参画したほか、将来の事業の柱を目指して水を利用する駆動システム「アクアドライブ技術」に参入し、水圧用バルブを開発している。「実験研究施設のハイドロラボラトリーで実証も終え、いつでも商品化できる」と準備は整っている。食品や医療・化粧品など従来取引の少なかった顧客の関心は大きい。

中国などアジア市場での取り組みを積極化したい考えで、「売上高の約4割が海外関連。日系やローカル企業ニーズに対応した製品提供の強化」を狙い、拠点設立などを検討し始めている。

### ◆新本社・工場が稼働

2015年、待望の新本社が稼働した。旧本社は安清工場

2015年に稼働した
新本社外観

として部材の機械加工を、本社工場は組み立てや検査、出荷を行う。6000パレットの立体倉庫など自動化の徹底や生産のすみ分けで効率化を図り、将来の需要増に備えた生産能力増強の余地を持たせた。また、「なにより従業員のやりがいや採用の刺激になっている」と、小野社長は新本社の効果に満足する。

人は最も大事な経営資源ととらえ、早い時期から半日休暇制度など福利厚生の充実に取り組んできた。今後は「将来に向け、技術伝承など体系的な人材育成メニューの確立」にも取り組む考えだ。

## 社是・理念

誠実、社会貢献、開拓者精神、努力を創業精神とし、常に従業員の働きがいのある職場として社業の発展を図り、企業の社会的使命を全うするとともに、従業員の生活繁栄を図る。

# ３００年の金属箔粉技術が最新エレクトロニクスを支える

## 福田金属箔粉工業㈱

３００年以上続く老舗企業でありながら自動車部品やプリント配線板、リチウムイオン二次電池向けなど最先端の工業用金属材料を提供する。現在の主力は、金属粉と電解銅箔、金属箔の３事業。仏具など伝統工芸向けに培ってきた職人の技術が、今や最先端エレクトロニクスを支えている。

売上高の約６割を占めるのが金属粉事業。自動車のエンジン部品の軸受などの材料となる銅および銅を中心とした各種合金粉末を提供する。近年は中国での自動車市場の拡大を背景に中国拠点での生産が順調に伸びている。もう一つの柱で

**会社概要**

| | |
|---|---|
| 本　社 | 京都市山科区西野山中臣町 20 |
| 電話番号 | 075-581-2161 |
| F A X | 075-581-7271 |
| 主な事業所 | 京都、滋賀県（東近江市）、名古屋、東京 |
| 設　立 | 1935 年 1 月（創業 1700 年） |
| 資本金 | 7 億円 |
| 従業員 | 600 名 |
| 事　業 | 銅、アルミニウム、ニッケル、貴金属などの箔。銅、錫、ニッケル、チタン、希少・貴金属などの粉末 |
| 売上高 | 497 億円（2015 年 12 月期） |
| ホームページ | http://www.fukuda-kyoto.co.jp/ |

代表取締役社長
園田 修三 氏

ある電解銅箔事業は、家電製品のプリント配線板などを含むエレクトロニクス用途を中心に売上を拡大。最近はスマートフォンの普及や自動車の電子部品の増加を受け、採用・用途が拡大している。また、金属箔事業はアルミニウム箔やステンレス箔など銅箔以外の各種金属箔および、その加工品を取りそろえ、医療品用包装、建築材料向けなどに展開している。

### ◆金銀箔粉商からの大きな転換

江戸時代中期・元禄年間に京都で金銀箔粉商として創業。当時の金属箔粉の取り扱いは幕府の管理下にあり、同社には幕府の許可証が残されている。大きな転機は、明治時代以降の急速な工業化の流れの中で真ちゅう粉の製造を始めたこと。真ちゅう粉は、捺染印刷の金色顔料として急速に需要が拡大した。

本社工場内に完成した試作研究棟で研究開発を強化

金属箔粉は組成や形状により
性質や用途が大きく異なる

昭和初期には国産初の電解銅粉を生み出すとともに電解銅箔の開発に着手。当時の銅箔は建物の屋根に使用するほどの厚さだったが、やがて薄く延ばす技術が進化してプリント配線板向けの生産を開始し、第二次世界大戦後の日本の成長を支えた。

## ◆研究開発で新分野を開拓

生産拠点は、京都工場と滋賀工場の他に中国・江蘇省に金属粉と電解銅箔の拠点を持つ。金属粉では電解法や粉砕法、アトマイズ法など多くの製造技術を持つのが強み。近年は滋賀工場でアトマイズ法による生産体制を強化している。

また、供給先の自動車市場などの市況感に大きく左右されるため、研究開発による新分野開拓の動きを加速させている。プリント配線板向け材料としては、ナノレベルの細い配線に

スマートフォンやカーエレクトロニクス向けの採用が拡大する電解銅箔

対応できる次世代インク材料として亜酸化銅ナノ粒子も開発。さらに新ブランドとして、フレキシブルプリント配線板（FPC）に使用する銅箔「FLEQ」も展開。屈曲性が高く高速伝送にも対応できる素材として注目を集めている。

このような幅広いラインアップの展開を園田社長は「金属箔と金属粉の百貨店」と表現する。「金属箔粉を幅広く提供することが顧客の信頼につながるとともに、我々も柔軟に対応できる」（同）と続ける。伝統産業から最新エレクトロニクスへと柔軟に転換しつつ顧客の信頼確保につなげている。

## 社是・理念

メタルスタイリストとして金属箔、金属粉のグローバル市場において、リーダー企業を目指す。

# 多様な事業のシナジーを生かし、顧客に寄り添うソリューションを提案

## 村田機械㈱

１９３５年に西陣ジャカード機製作所として設立し、２０１５年には創業80周年を迎えた。起点となった繊維機械事業分野では、「自動ワインダー」のトップメーカーとしての地位を築いている。自動ワインダーとは、紡績の最終段階で糸を次工程の織機や編機向けのパッケージに捲《ま》き返すと同時に、糸欠点を除去して品質安定化を図る必須の装置だ。もう一つの柱となるのが、粗紡・精紡・捲き返しの３工程を１台で可能とした「ボルテックス精紡機」。開発当初は、生産される糸の性質が通常とは異なるため市場に受け入れられな

**会社概要**

| | |
|---|---|
| 本　　社 | 京都市伏見区竹田向代町 136 |
| 電話番号 | 075-672-8111　FAX：075-672-8691 |
| 主な事業所 | 犬山事業所、東京支社、大阪支社 |
| 設　　立 | 1935 年 7 月 |
| 資 本 金 | 9 億円 |
| 従 業 員 | 3100 名（グループ：6800 名） |
| 事　　業 | ロジスティクスシステム、FA、半導体工場 FA システム、工作機械、シートメタル加工機、繊維機械、デジタル複合機／ファクシミリ、センサ／制御機器 |
| 売 上 高 | 1855 億円（連結：2550 億円、2016 年 3 月期） |
| ホームページ | http://www.muratec.jp/ |

代表取締役社長
村田 大介 氏

かった。高付加価値糸として川上のアパレル業界に地道にPRすることで需要を喚起し、「ボルテックス精紡」というジャンルを確立している。

### ◆顧客ニーズに寄り添う企業姿勢

L&A(ロジスティクス&オートメーション)事業部では、流通業および製造業向けの物流システムの提案を手がけている。近年、eコマースの拡大により少量頻回配送・即時配送が常態化しているうえ、少子高齢化に伴う労働力の確保が課題となっている。このような課題に対し、基本構想から設計・製造・アフターサービスまで一貫したプロセスをワン・ストップ・ソリューションで提供し、好評を得ている。

工作機械事業部でも同様にソリューションを展開。自動車部品生産における旋盤加工を自動化する「ターンキーソ

京都市伏見区にある本社

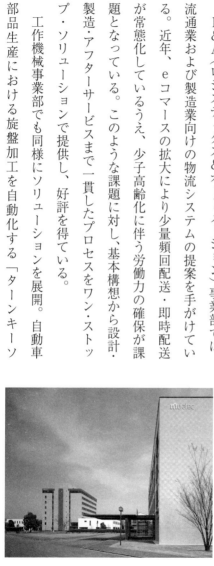

高付加価値糸を提供するボルテックス精紡機

リューション」を提供している。顧客と専門のエンジニアとの綿密なコミュニケーションを通じて、対象ワークの加工プロセスを精査し、最適システムを提案。納入後はスムーズな本格生産への移行を実現することで導入企業から高い評価を得ている。

また、L&A事業から派生したクリーンFA事業部は、半導体工場内の搬送システムに特化し、一貫して顧客ニーズに寄り添う企業姿勢が世界の大手メーカーから高い信頼を寄せられている。半導体生産のロードマップに従い計画される顧客の設備更新スケジュールに沿ったシステム開発や、これら設備をサポートするグローバルサービス網の構築など、開発からアフターセールスまでを一手に担っている。

L&A 事業部では自動倉庫システムや
無人搬送車などの物流システムを提案。
写真は自動倉庫システム

◆FA向けIoTソリューションを新展開

IoT関連技術の発展を背景に、産業機械の予知保全や遠隔保守へのニーズが高まっている。そこで、ファクシミリなどの情報機器事業を通じて培った通信技術と、2011年に子会社化した無線デバイスメーカー・サイレックス・テクノロジーの技術の融合によりFA向けIoTソリューションのアプリケーション開発を進めている。

異なる事業分野が共存するシナジーを生かして新しい技術を創造し、かつ顧客に喜ばれる製品づくりに腐心してきた同社の、新たな挑戦である。

**社是・理念**

私たちは、つねに新しい技術を創造し、お客様に喜ばれる製品の提供を通じて、社員ひとりひとりの幸せと豊かな社会の実現をめざします。

# 金型用工具、高い品質と納期で成長

## ㈱名工技研

パンチやピンなど自動車用部品製造に用いられる冷間鍛造金型用の工具製造を中心に成長を果たしてきた。受注は数個単位の小ロット、常に数百種類という多品種製造が得意だ。高い技術力が評価され、着実に受注や顧客の幅を広げてきた。廣田社長は「高い品質と納期をしっかり守っているから」と、支持される秘訣をこともなげに明かす。

「設計図通りの加工という当たり前のことを当たり前にやる」難しさを熟知しているからこそ、品質を作り込むための加工力や納期を守るための効率化に積極的に取り組んでき

**会社概要**

**本　　社**：京都市伏見区淀生津町 641-1
**電話番号**：075-633-6123
**F A X**：075-633-6122
**設　　立**：2012 年 1 月
**資 本 金**：300 万円
**従 業 員**：9 名
**事　　業**：冷間鍛造・熱間鍛造用のパンチやピンの切削および研削加工

代表取締役
廣田 俊一 氏

た。また、機械のポテンシャルを最大限に引き出すのは人と考え、やりがいやスキルアップを重視し、働きがいのある会社作りを進めてきた。技術力を総合的に高めることにこだわってきたわけだ。「他社ではできないからと、当社に持ち込まれる案件も少なくない」と高い技術力が信用や信頼をさらに高め、次の受注にというスパイラルの成長軌道を描く。

## ◆強みは従業員の高いスキル

京都市伏見区の本社工場。6台のNC（数値制御）旋盤、3台のNC研磨機、2台の汎用機が並び、従業員は複数の機械を使いこなす。設計図さえ受け取れば、材料調達から加工、検査、出荷と一貫して手がけることで効率と生産性を高めた。従業員数に比して機械の数が多く、急な受注にも余裕をもって対応できる。結果的に短い納期で顧客に驚きと満足をもた

冷間鍛造用ピンの製造を、小ロット多品種で対応する

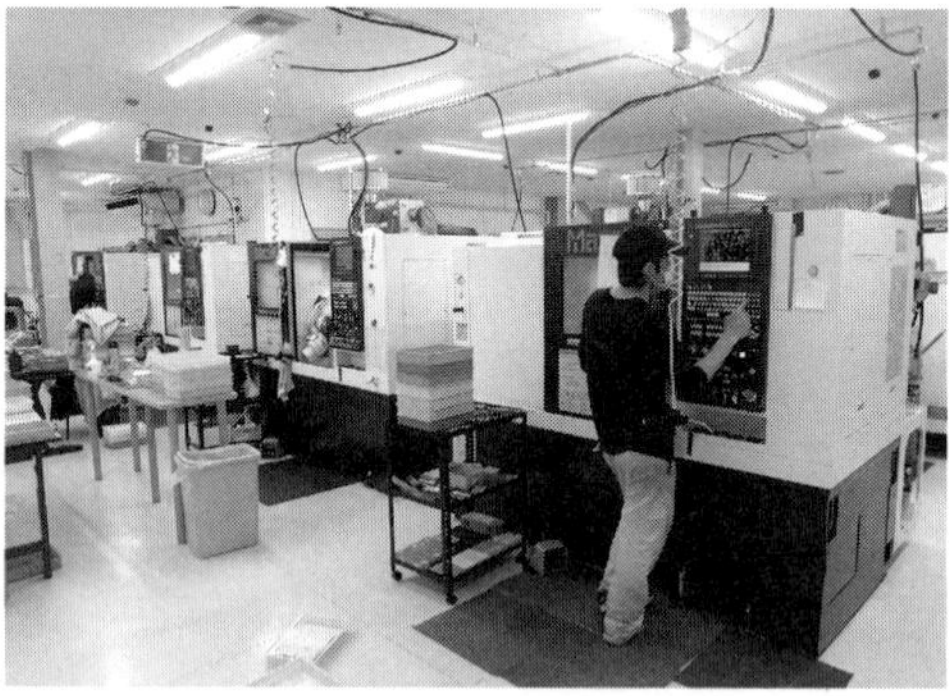
複数のNC旋盤やNC研磨機を高いスキルで使いこなす

らす。
「品質で重要なのは高いスキルを持った従業員、当社の一番の強みだ」と断言する。一般に大量生産を前提にするため、NCのプログラムの書き換えはあまり行わない。同社の従業員はプログラムのノウハウを持ち、さらに多品種対応として、演算ソフトの導入で書き換えを抑えるなど周到な備えを徹底している。
人材育成にも力を入れている。日々の仕事を通じたOJTで、先輩から後輩へと機械の微妙なセッティングなど操作ノウハウを指導。また、細かな指示は出さずに極力仕事を任せるのも廣田社長流だ。「責任をもって取り組むことで向上心や意識改革、新しい発想を生みだしてほしい」と個々人のイノベーションをやりがいにつなげる仕組みだ。

2016年に八幡市から移転した京都市伏見区の本社工場

## ◆技術にたけた技術集団「名工技研」

社名の名工技研には「技術にたけた名工」の集団でありたいという思いを込めた。名工とは天才を意味するのではない。どんな仕事にも「ＹＥＳ」と答え、真剣勝負で培ってきた技術の積み重ねのことを指す。顧客からの厚い信頼がその証しだ。

「前例や常識にはこだわらない。目の前のものをただ最高のものに仕上げるだけ」と廣田社長。納めた先で顧客が少しでも有利に勝負できるよう常に全力を尽くす。冷間鍛造分野において技術力で存在感を放つという思いはぶれない。

**社是・理念**

お客様から信頼を得て、お客様とともに成長する

# 精密プレスのプロ集団として成長を続ける

## ㈱山岡製作所

精密金型やプレス機をメーンに手がける山岡製作所にとって高精度とは、1〜2㎛のことだ。大半の部品で±1㎛レベルの精度を要求され、かつ形が異なる精密金型や部品加工を大量かつ安定的に生産できるのは、レベルの高い組織力や品質管理体制があるためだ。これまで売り上げの中心であったスマートデバイスや半導体といった分野以外の自動車、医療理化学、電池などの新エネルギー分野の売り上げ比率も高まっており、外部環境の変動に強い事業構成を築きつつある。

### 会社概要

本　　社：京都府城陽市平川横道93
電話番号：0774-55-8500
F A X：0774-53-7873
主な事業所：本社工場、宇治田原工場
設　　立：1954年11月（創業1937年）
資 本 金：6240万円
従 業 員：195名
事　　業：プレス金型・樹脂金型、各種省力化設備、受託生産
売 上 高：40億円（2016年9月期）
ホームページ：http://www.yamaoka.co.jp/

代表取締役社長
山岡 靖尚 氏

## ◆生産システムを提案

最近ではは従来のプレス金型やプレス機だけでなく、樹脂成形用のモールド金型や高精度な工作機械を活用した部品加工への対応、加熱式プレス機の生産などにも力を注いでいる。金型の長寿命化、金属プレスや樹脂成形で生じる製品バリの最小化など品質への要求はますます高まっているが、金型に加えて生産設備の製作を手がける同社は、金型と生産設備の両面からアプローチできる。「最近の品質要求の高まりは単独工程だけでは解決できない。例えばプレス金型であれば前後の樹脂成形工程、さらに、プレス機の精度や構造、材料の送りや製品取り出しなど複数工程を巻き込まないと解決できない場合が多い。そういった課題に対して全て社内で解決、提案できるのが強み」と山岡社長は話す。ユーザーにとっては金型を含めた生産システムの導入からアフターまで同社で

プレス工場や組立工場を備える本社工場

ミクロンレベルの
超高精度を誇る
同社の精密金型

完結できることは大きなメリットだ。

積極的な設備投資を続けていることも高精度なものづくりの実現につながっている。一方、機械を使いこなす人材育成にも積極的に取り組んでいる。その一つが「スーパー職人制度」。精密金型の部品加工や仕上げおよび装置組み立てなどに高い技能を持つ社員を評価する制度で、ランクに応じた手当が支払われる。部下や後輩を教える側にノルマを与える「押し付けＯＪＴ」という制度もある。こうした人材育成制度の名前はユニークだが、個人の暗黙知となりがちな技術やノウハウの共有を促すことは組織の付加価値創造、高収益化につながっている。また、社員を講師に年間１００科目以上の講習を開催し業務遂行に必要な知識・技能を教育する「スキル・マネジメント教育」も、社員の生産管理や原価管理への理解を後押ししている。技能の向上とスピードアップや効率化が

OJT や社内講習会で
人材育成に力を注ぐ

同時に進むなど教育はさまざまな所に生きている。

## ◆変動に強い事業構成

従来のスマートデバイスや半導体といった分野とは異なる自動車、医療理化学、新エネルギーなど、同社がターゲットと定める分野の売上高が伸びている。5年前には数%だったターゲット分野の売上高は、2016年には明確に判断できる製品だけで売上高比率の30%を超えた。売上高の振幅の大きい従来分野とターゲット分野のバランスを一層強化し、足元を固めた上でさらなる成長を目指す考えだ。

### 社是・理念

労使協調し、相互信頼の基に明るい職場から魂の入った製品を創ることにより、社会に貢献し、お互いの生活をより豊かにする。

# 工作機械、船用機器から医療機器と幅広くモノづくりに貢献

## 山科精器㈱

工作機械と熱交換器、注油器、医療機器を事業の柱に据える。設立は1939年7月で、77年以上の歴史を刻む。2016年に就任した大日社長は「ホールディングスカンパニーのように、事業部ごとに成長を遂げてきた」と話す。

工作機械は自動車、熱交換器と注油器は船舶などと、モノづくりで日本が世界に対し存在感を示してきた分野を支える。陸用や船舶機関向け潤滑機器を製造する子会社・ヤセック高知（高知県土佐町）も構えることで生産拠点のリスク分散にも注力している。

**会社概要**

- **本社**：滋賀県栗東市東坂525
- **電話番号**：077-558-2311
- **FAX**：077-558-2319
- **主な事業所**：本社、東京営業所、大阪営業所、水口工場
- **設立**：1939年7月
- **資本金**：1億円
- **従業員**：133名
- **事業**：工作機械、熱交換器、注油器、医療機器
- **売上高**：26億円（2016年3月期）
- **ホームページ**：http://www.yasec.co.jp/

代表取締役
大日《おおくさ》 陽一郎 氏

工作機械は多軸加工機や深穴加工機、高精度ボーリングなど高効率で耐久性のある専用工作機械を提供している。また、熱交換器はシェルアンドチューブ式熱交換器の専門メーカーとして、熱の受け渡しが求められる船舶やディーゼルエンジン発電・重化学プラントなどで広く使われている。16年には韓国の熱交換器メーカー2社との連携にかかる基本協定書を締結した。また、注油器は船用ディーゼルエンジンのシリンダー注油器などを手がける。

こうした各分野で発揮してきた山科精器の技術力について「今後も当社の製品が貢献できるように深掘りしていきたい」と大日社長は力を込める。

## ◆メディカル事業が成長軌道に

一方、医療機器は09年のメディカル事業部の設置で立ち上

汎用機では出来ない生産性に優れたオリジナルの専用機

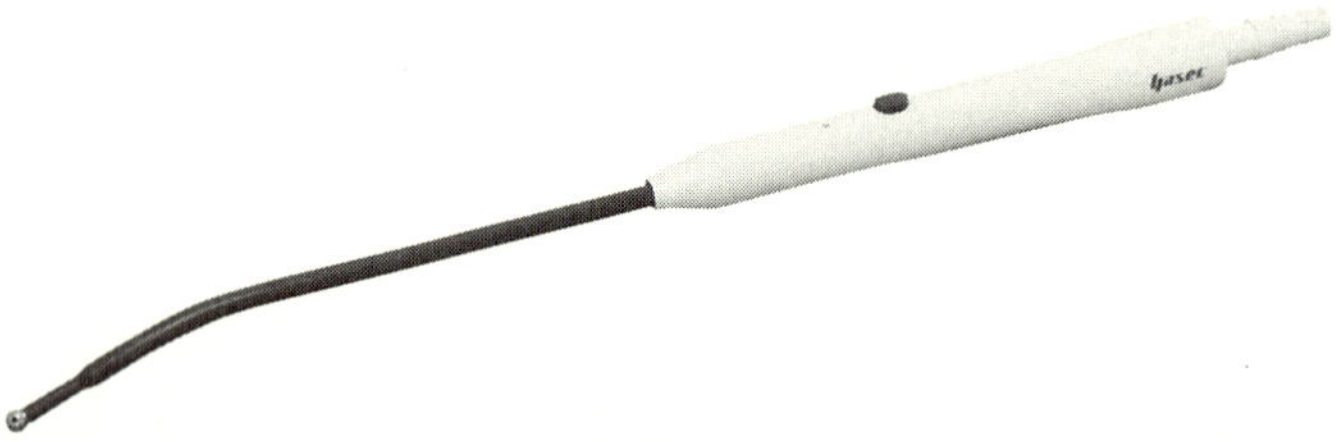

ドクターが吸引しながら同時に止血ができる開腹手術用の処置具

げた新分野だ。「少子高齢化社会の到来により世界中から日本製の医療製品に対する期待感は大きい」（大日社長）とし、工作機械など既存事業で培ってきたノウハウを応用。外科用の吸引嘴管《しかん》や内視鏡用デバイスなどの製品化により「ここ3年でようやく軌道に乗ってきた」と大日社長は、その手応えを語る。

将来の事業拡大に向けた種まきはまだある。人手不足を背景にした工場自動化（FA）への対応だ。工場の自動搬送ラインや自動組み立てに照準を定め、搬送・組み立てロボットなどの開発を急ぐ。「事業部ごとの垣根を越えて連携力を高めたい」と大日社長は事業拡大に向け、さらに先を見据える。

## ◆インターン受け入れなど人材育成にも力

既存の事業基盤を固め、新規事業を軌道に乗せる道筋をつ

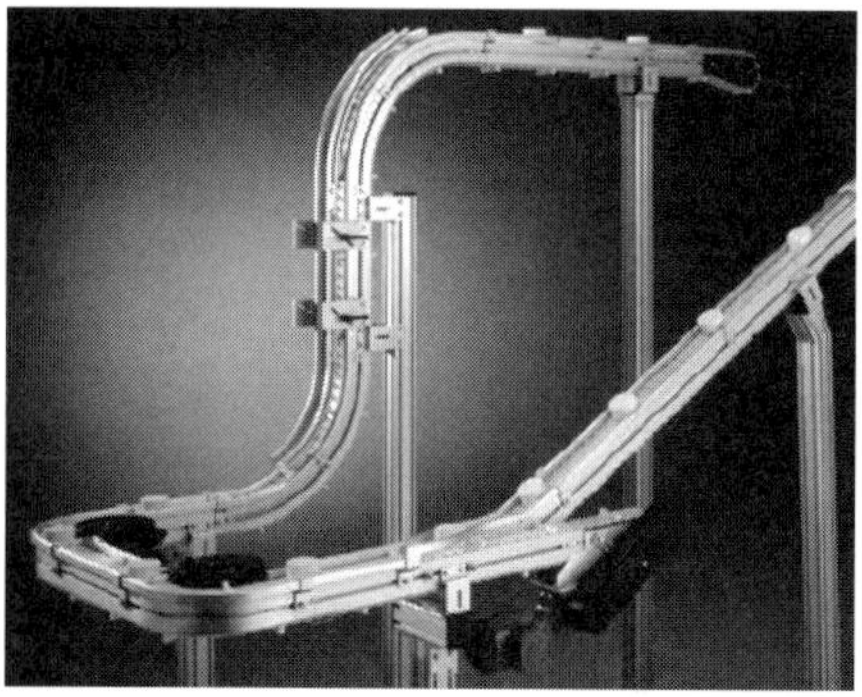

3次元搬送により室内空間を無駄なく活用できる最先端の生産設備「FlexLink コンベアシステム」

けたのが16年まで社長を務めた大日常男会長。経営の第一線を新社長に譲ったが、「さらなる成長に向け、まだまだ努力し続けなければならない」と襟を正す。その一環として将来を見据え、人材育成にも力を注いできた。「インターンシップも積極的に受け入れてきた」（大日会長）成果が実り、学生が第一志望で入社する例が増えつつある。技術を磨きつつ時代のニーズに適した変化を的確に取り込む山科精器の挑戦は続く。「すべての事業において『ｙａｓｅｃ』を世界ブランドにする」。それぞれの仕事で全従業員が、その思いを共有しながら。

## 社是・理念

私たちは先進の技術で広く人類の発展に貢献します。

# 成長を続ける取出ロボットのトップメーカー

## ㈱ユーシン精機

ユーシン精機は、プラスチック射出成形品の取出ロボットのトップメーカーだ。同社の取出ロボットには高速、制振、省エネという優位性があり、自動車、電子部品、家電、医療、雑貨、容器、光学など幅広い業種で使われている。木材や金属が多かった時代にプラスチックが普及することを予見し、成形品の取出ロボットメーカーへと舵を切ったことが現在の成長につながっている。中期経営目標は2019年3月期連結で売上高300億円、経常利益50億円を目指している。16年12月には新本社・工場へ移転し、生産能力向上と業務の合

### 会社概要

**本　　社**：京都市南区久世殿城町 555 番地
**電話番号**：075-933-9555　**FAX**：075-934-4033
**主な事業所**：テクニカルセンター、全国 12 カ所の営業所と 2 カ所のサテライト
**設　　立**：1973 年 10 月
**資 本 金**：19 億 8566 万円
**従 業 員**：636 名（連結、2016 年 3 月末現在）
**事　　業**：取出ロボを中心にプラスチック射出成形工場の合理化、FA 化推進機器の開発・製造・販売
**売 上 高**：211 億 4800 万円（2016 年 3 月期連結決算）
**ホームページ**：http://www.yushin.com/

代表取締役社長
小谷 眞由美 氏

理化を推進する。

◆海外展開と現地企業

取出ロボットの発売は、国内では最後発からスタートした。創業者で前社長の故・小谷進社長が根っからのエンジニアで、取引先の社長や技術担当者からの評価を得て取引先を徐々に拡大していった。

同社は工場を持っているがファブレス経営だ。基本的にロボットの部品製造も組み立ても協力工場で行い、工場では出荷前の検査を行う。的確に部材を発注し調達できているからこそ、協力工場で組み立てもできる。可能な限り設備を持たないため、設備投資負担は大幅に減るしくみだ。

海外売上高比率は、変動はあるが65％超の水準にある。海外での主な顧客は日本から進出している企業ではなく、現地

2016年12月に完成した京都市南区の新本社・工場

ハイサイクル成形に対応する取出ロボット「HST」シリーズ

企業だ。ベトナムやタイなどまだ顧客の日系企業の比率が高い国はあるものの、「現地企業との取引を拡大しないと成功とは言えない」と小谷社長はいう。

京都大学との共同研究により開発した最適設計を採用するHSTシリーズでは、理論的な最適形状にCFRP（炭素繊維強化プラスチック）も利用。従来機比25・4％の軽量化、同9・2％の取り出し時間の短縮を達成している。さらに制振制御にも工夫を重ね、振動が基準値までに収まる時間は同98・6％まで短縮し、商品力を大幅に向上させている。

### ◆新本社・工場でスタート

2016年12月には、新本社・工場（京都市南区）が完成し、旧本社・工場（京都市伏見区）から移転して業務を開始した。敷地面積は2万597㎡、延べ床面積は2万95㎡。建

多くの来場者が訪れた
米国での展示会の様子

物は本社棟が7階建て、工場棟が4階建て。総投資額は約70億円。部材や機体の受け入れから組み立て、検査、出荷までを一貫して実施するため生産エリアを集約した。

工場では型締力2000tクラスの射出成形機用の大型取出ロボットの組み立て・検査にも対応できるよう、従来の2階層吹き抜けから、一部3階層吹き抜けにした。また、本社棟4階フロアに営業、開発、設計、管理の各部門を集めるなど社内の連携も促進し、19年3月期連結の中期経営計画達成に向けた体制を整えている。

## 社是・理念

### できない、無理だ、は出発点

# 第2章

# 電機・電子

# 検査用LED照明機器を柱に

## ㈱イマック

LED照明機器の受注が順調で、売上高は2ケタ伸長を続けている。2015年3月期に売上高15億円を達成し、18年には20億円、19年には26億円と、LED事業がエンジンとなって業績を引っ張る。自動車や製薬など設備の自動化に伴う監視・検査用の需要は当面好調を持続すると判断。「好調な時にこそLEDに並ぶような次の事業の柱を育てたい」と田中社長は未来を見据えている。売上高の大半を占めるLEDに、FA機器、ヘルスケア機器を加えた3事業でこれからの成長を実現していく考えだ。

**会社概要**

**本　　社**：滋賀県守山市幸津川町 1551
**電話番号**：077-585-6767
**F　A　X**：077-585-6790
**主な事業所**：本社、東京オフィス
**設　　立**：1993年5月
**資 本 金**：2000万円
**従 業 員**：112名
**事　　業**：LED光源装置、FA機器、ヘルスケア機器
**売 上 高**：15億200万円（2015年3月期）
**ホームページ**：http://www.kkimac.jp/

**代表取締役社長**
田中　守 氏

同社は1993年、大手エンジニアリング会社の技術者だった田中社長が独立して設立した。95年にはワイヤハーネスを自動加工する電線加工装置を独自開発し、注目を集めた。96年には画像処理用LED照明のOEMに着手、98年にLED光源の自社ブランド展開を始めた。この年に電線加工装置とLED光源で滋賀県から中小企業創造活動促進法（創造法）の認定を受けている。そして2005年に線量計アンプを開発し、医療関連市場への足がかりを築いた。

## ◆歩行分析計が注目

LED照明機器は検査工程などで使う画像処理用途のカメラの照明がメインだ。要素技術開発から設計、製造販売まで一貫して手がけるのが強みだ。的確な光のあて方など顧客の要望に対応してキズなどが高精度に検知でき、半導体や自動車、

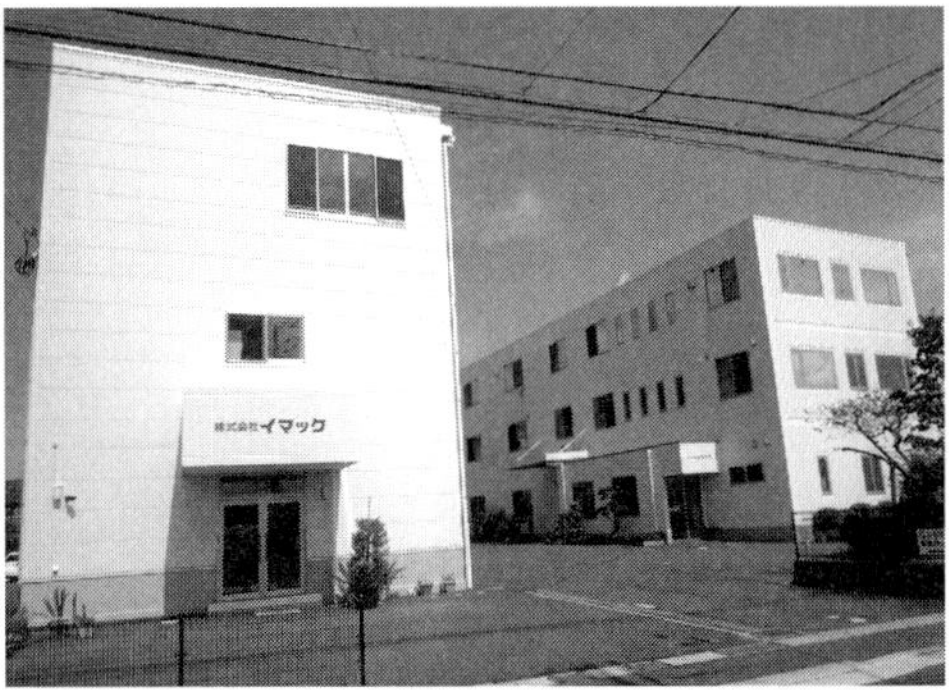


2015年稼働した
最新鋭の第4工場

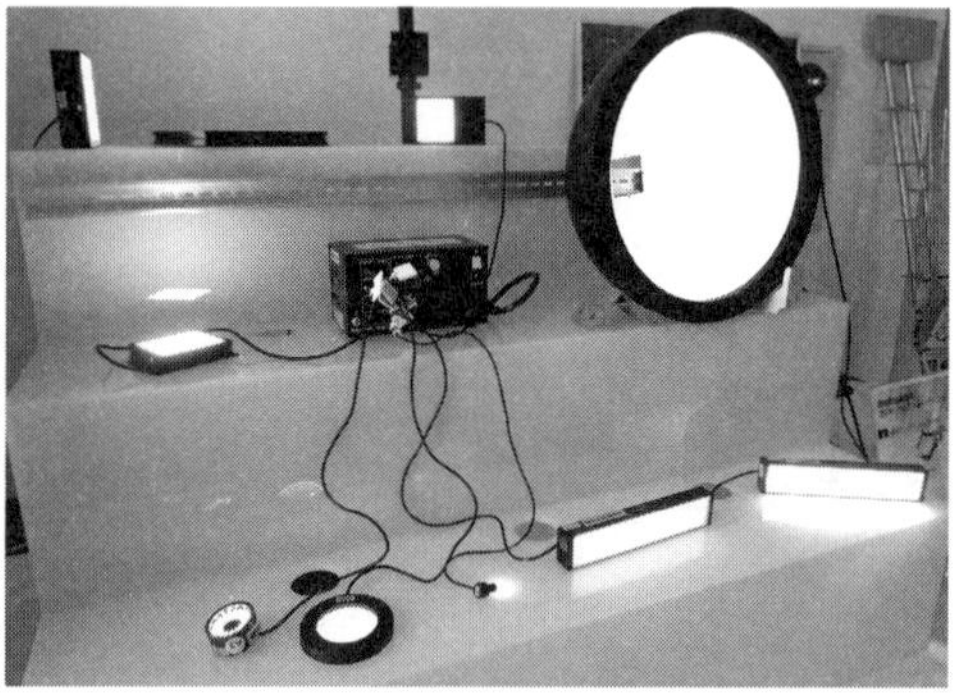
主力のLED照明機器群

太陽電池など先端産業から農業など需要は広い。産業界の自動化やロボット化の高まりをとらえ、今後も自動車部品や医薬などの検査向けが期待できる。

ヘルスケア事業では、2013年に開発した歩行分析計「ステップエイド」、さらに16年に進化を果たした「バランスエイド」が話題を集めている。センサーを登載したサンダルで、歩行時に適正な荷重がかかっているかを判定する。骨折のリハビリなどで正確な歩行を促し、良質な治療を支援することで早期回復につなげる。センサーを1個搭載したステップエイドに対し、バランスエイドは4個のセンサーを搭載しており、これにより前後左右のバランスや重心がわかり、脳梗塞のリハビリなど高度な治療を支援できる。医療現場の反響は大きい。

歩行分析計
「バランスエイド」

◆生産体制の増強、大型新製品も

生産体制も増強済みだ。15年に本社内に第四工場を建設、年産30億円の生産能力を確保した。一方、独自に生産管理システムを構築し、ＬＥＤ照明は受注から最短４日で出荷できる体勢を整えている。「必要な時にリーズナブルな価格で提供できるのが当社の強み」と田中社長は胸を張る。

20年に向けて「期待の大型製品を用意している」と片目をつぶる。可視光や紫外光を照射した時に物質が発する蛍光を検出する蛍光検出器だ。エレクトロニクスや医療・創薬など大きな市場が見込め、さらなる成長を確実に実現していく。

**社是・理念**

私達は会社の発展と社員の幸せを願い、メカトロニクスの可能性を追求し、お客様に喜んでいただける製品を提供して社会に貢献します。

# アモルファス変圧器で省エネ社会を

## ㈱栄幸

栄幸はアモルファス変圧器をはじめ、電力・制御ケーブルやコンテナ型受電設備などの販売事業を手がける。国内や台湾のメーカーから製品を仕入れ、主に工場や太陽光発電設備向けなどに納入する。省エネルギーの意識が高まる中、電力損失を抑えた変圧器を中心に、ニッチな市場を確実に攻めている。

全体の売上高の半分を占めるのが、アモルファス変圧器の販売だ。送配電設備の電圧変換に使用する変圧器には、電力損失の課題が避けて通れない。内部の鉄心（コア）に非結晶

**会社概要**

**本　　社**：京都市伏見区深草堀田町 10-1
京阪藤の森ビル事務棟 3F
**電話番号**：075-647-3266
**F A X**：075-643-4681
**主な事業所**：東京、台北
**設　　立**：2006 年 12 月
**資 本 金**：1000 万円
**従 業 員**：12 名
**事　　業**：受電設備関連製品の販売
**売 上 高**：10 億円
**ホームページ**：http://www.eikoh-jp.com/

**代表取締役**
服部 正幸 氏

構造のアモルファス合金を使用したアモルファス変圧器は、この電力損失を大幅に抑制できる。ケイ素鋼板を使用する一般的な変圧器と比較すると、通電状態でも一定に発生する無負荷損は約3分の1になるという。

また近年は、植物性油を内部の絶縁油として使用するアモルファス変圧器の取り扱いも始めた。災害などで油が漏えいした場合でも自然界で分解されるため、環境への悪影響を抑えることができる。こうしたバリエーション展開により、アモルファス変圧器の普及を後押ししている。

## ◆台湾メーカーの日本法人から独自の商社へ

服部社長はもともと、台湾のアモルファス変圧器メーカーであるGPRの日本法人として2002年に日本GPRを設立した。そこから主にケーブルを扱う事業が栄幸として独立。

植物性絶縁油を使用した環境共生型の
アモルファス変圧器

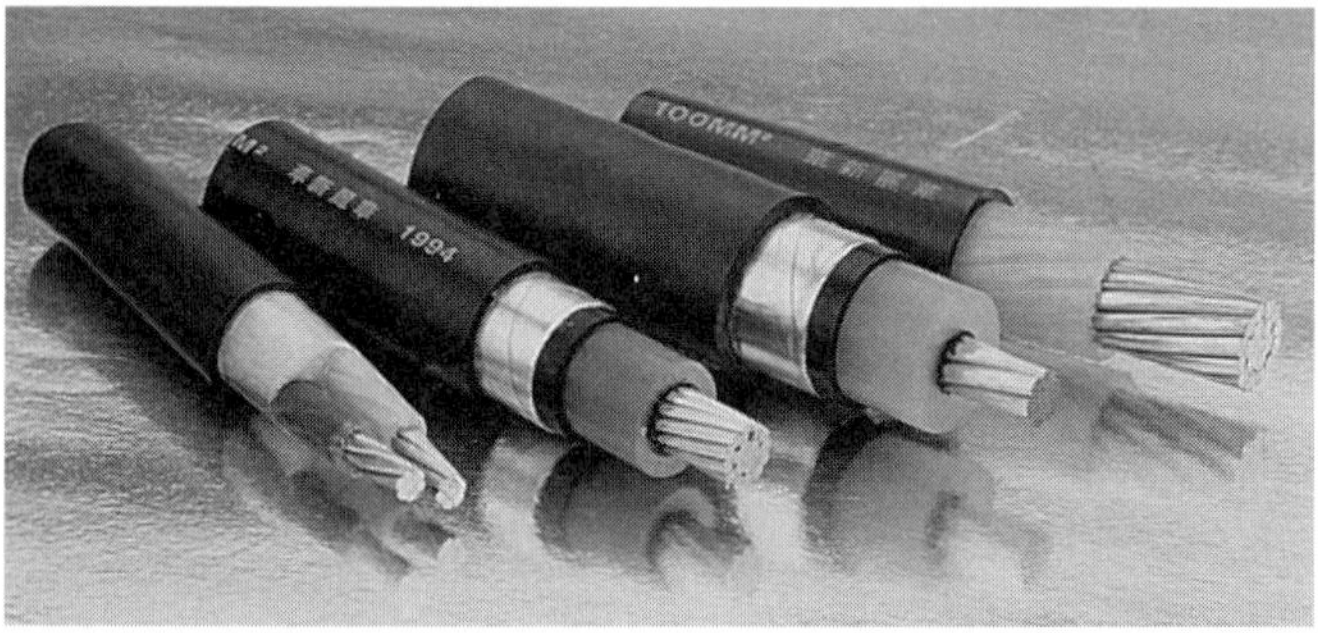
主力商品の電力・制御ケーブル

その後しばらくして栄幸が日本GPRを吸収合併し、台湾のGPRも解散したため商社事業が主となった。そうした経緯から、変圧器メーカーの華城電機や巨磊電機、ケーブルメーカーの華新麗華など、台湾製品の輸入販売が多い。
13年からは変圧器の内部に使用するアモルファスコア自体の販売もはじめた。国内のアモルファスコアの生産は現在、日立金属を中心に展開されている。このコアを国内の変圧器メーカー向けに販売することで、アモルファス変圧器の市場の自体の拡大をねらう。今後、この事業を基幹として拡販していく。

## ◆独自設計で製品展開を強化

近年は長年のノウハウを生かして栄幸が独自に企画設計し、仕入れ元に新製品の製造を依頼するケースも出てきた。

主力商品のコンテナ型受電設備

製品の小型化や環境に配慮した性能など、今後は独自製品の展開を強化していく。

また変圧器以外にも、受電設備に関連した事業も進める。17年1月には国内の電気工事会社や台湾の受電設備メーカーなどと共同出資して、特別高圧受電設備の販売会社を設立。国内市場だけでなく、電力インフラ整備の需要が高まる東南アジア市場も念頭に置く。大手企業が扱うよりも、設備の施工などを低コストで実現できるという。

服部社長は、「製品販売だけでなく、設備工事なども踏まえて展開したい」と今後の方針を話す。大手にはできない小回りの良さを存分に生かす考えだ。

## 社是・理念

地球にやさしく、ひとにやさしく
会社が栄え、社員が幸せになる製品を作り販売する

# 世界最大フォトマスクでＦＰＤ業界の成長を支える

## ㈱エスケーエレクトロニクス

液晶パネルなどのフラットパネルディスプレー（ＦＰＤ）の製造に不可欠なフォトマスクを手がける。世界トップクラスのシェアを誇り、第10世代向けを供給できる業界唯一の存在でもある。市場変動が激しいＦＰＤ分野で大型化と高精細化を両立し、独自の強みを発揮している。

　フォトマスクとは、ガラス基板などへ回路パターンを転写するために使用する原板のこと。サブミクロンの超精細なパターン線が描かれており、写真のネガフィルムのように、この原板越しに光を照射してパターンを焼き付ける。ＦＰＤの

### 会社概要

| | |
|---|---|
| 本　　社 | 京都市上京区東堀川通り一条上ル竪富田町436-2 |
| 電話番号 | 075-441-2333 |
| ＦＡＸ | 075-441-4291 |
| 主な事業所 | 京都工場、滋賀工場、東京営業所など |
| 設　　立 | 2001年10月1日 |
| 資本金 | 41億972万2000円 |
| 従業員 | 321名（連結、2016年9月30日） |
| 事　　業 | 大型総合フォトマスク事業 |
| 売上高 | 157億4500万円（2016年9月期） |
| ホームページ | http://www.sk-el.co.jp/ |

代表取締役社長
石田 昌德 氏

重要部品であるTFTアレイやカラーフィルターの製造に不可欠なものだ。

### ◆世界最大のパネルに対応

近年はFPDの大型化に伴いフォトマスクも大型化が進展している。ただ技術的には、大型ガラス基板に光を照射すると部分的に歪みが生じ、正確な転写が難しくなる。より高精細さが要求されるのだが、単に大型の製造装置を導入すればよいというものではない。「装置の性能以上に、パターン描画やエッチングなどのノウハウの蓄積がないと高精細さを実現できない」(同社経営戦略室)からだ。

こうした技術開発により、第10世代と呼ばれる約2・8×約3・1mという大型ガラス基板への対応が可能となり、競合他社の追随を許さない強みを発揮している。特に今後は、

世界最大の第10世代向け
大型フォトマスク

第10世代向けを
製造する滋賀工場

第10・5世代液晶パネルの生産を始める中国・京東方科技集団（ＢＯＥ）などから受注を取り込めるかが大きなカギとなる。石田社長は「これまでの導入実績などで当社の優位性をアピールしていきたい」と意気込む。

## ◆市況に左右されるリスクからの脱却を

同社は、老舗印刷会社の写真化学からフォトマスク事業を分社化して２００１年に設立。ＦＰＤ市場の拡大とともに成長を遂げた。ただし、同事業は膨大な設備投資を要する。例えば、第10世代向けを製造する滋賀工場が完成した09年の設備投資額は１４０億円。これは当時の売上高の約８割に相当する金額であり、必然的に世界の市況に大きく左右されるリスクを抱える。近年はスマートフォン向けに有機ＥＬパネル採用の動きが広がるなど、中小型パネル向けでも新規需要が

人間の握力を補助する「SEM Glove自立支援用」などでヘルスケア分野にも進出する

期待されるとはいえ、FPD依存は経営上大きな課題だ。

そこで現在は次の柱とすべく、新規事業を相次いで立ち上げている。同社の強みである光学技術を活用したコロニーカウンターなどの計測機器や、極小の個体のトレーサビリティーを実現するRFIDなどだ。他にも、人間の握力を補助する「SEM Glove自立支援用」を販売するなどヘルスケア分野にも進出した。

同社で注目度が高いのは依然大型フォトマスク事業だが、今後は光学技術を生かした多彩な展開にも目が離せない。

## 社是・理念

経営理念は「創造と調和」。わたしたちは「創造」と「調和」を大切にし、豊かな社会の実現を目指します。

# 自動化で新しい価値を提供

## NKE㈱

「自動化・省力化のイノベーションで、標準品を中心にさまざまな製品開発で活気にあふれている」。２０１７年４月に始まる新三カ年経営計画に向け、中村社長はこんな企業イメージを浮かべている。「Humanized Automation 人間価値に基づく社会の形成に役立つ自動化・省力化」をスローガンに、搬送やネットワーク機器などで汎用的な新標準品開発を推進する一方で、食品や医薬など新市場を開拓する。「自動化・省力化を中心に、当社だからこそできる提案と開発力で顧客の課題を解決する。その結果として標準品・新製品の売上高

**会社概要**

**本　　社**：京都府長岡京市馬場図所 27
**電話番号**：075-955-0071
**F　A　X**：075-955-1063
**主な事業所**：伏見工場、さいたま営業所、中国、タイ
**設　　立**：1969 年 8 月
**資 本 金**：2 億 9700 万円
**従 業 員**：122 名
**事　　業**：自動化・省力化機器、ネットワーク機器、省配線機器
**売 上 高**：21 億 7600 万円（2016 年 3 月期）
**ホームページ**：http://www.nke.co.jp/

代表取締役社長
中村 道一 氏

比率、食品など新市場向け売上高比率を、いずれも現在の数%から2桁に引き上げたい」と目標の一部を明かす。

◆BBS駆使、自動化システム構築

創業以来、自動化にこだわり、搬送やパーツハンドリング、ネットワーク機器などをラインアップし、多様な自動化を実現してきた。大手にない小回りを強みに、顧客の仕様や要望に合わせたシステム提供で自動車や機械、電機など広く顧客の支持を得ている。

同社のモノづくり哲学として掲げるのが「BBS（ブロック・ビルディング・システム）」だ。つかむ、まわす、送るなど自動化機械で共通の機能を標準化したユニットをブロックのように組み合わせて、求められる自動化システムを効率的に構築する手法だ。例えば、パーツハンドリングシステム

「れんら君」活用イメージ

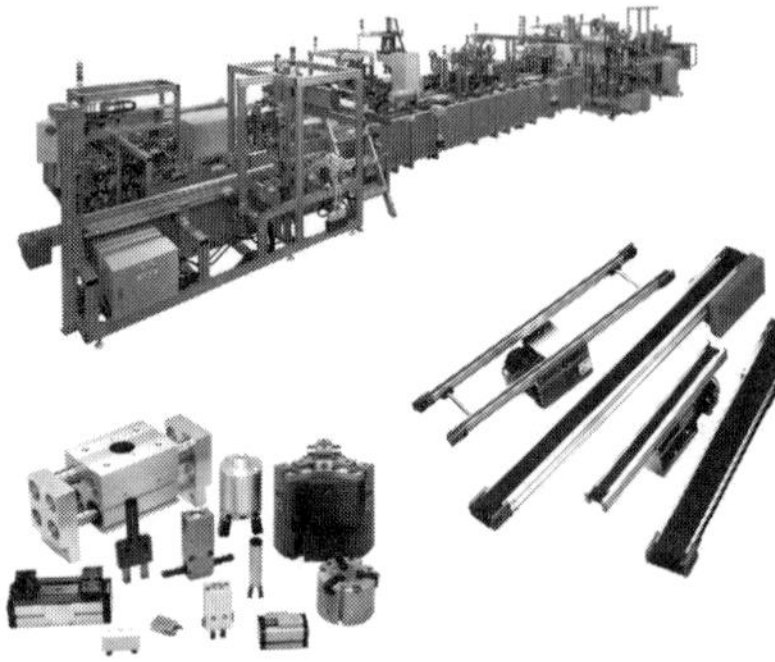

搬送など自動化機器群

は、部品をつかむエアチャックや回転させるロータリーアクチュエーター、上下前後させるエアシリンダーなどで構築できる。ブロックは300種類を超え、エアー機器やコンベヤーなどの開発に威力を発揮している。

### ◆簡易メール通報機器、期待製品続々

期待の新製品の開発は急ピッチで進む。簡易メール通報機器「れんら君」は設備や環境のわずかな変化をメールで自動通知する。設備や産業機械の温度やデマンド、圧力、温度の監視など広がり続ける用途に対応して、ラインアップの充実を進めている。施錠確認などに利用できる無線LAN対応型は一般家庭向け、温度湿度管理に役立つ出力付きアナログ型は農業向けという具合に、用途に応じて次々と標準品化した。

また、超ロング短軸ローダーはこれからの主力製品だ。た

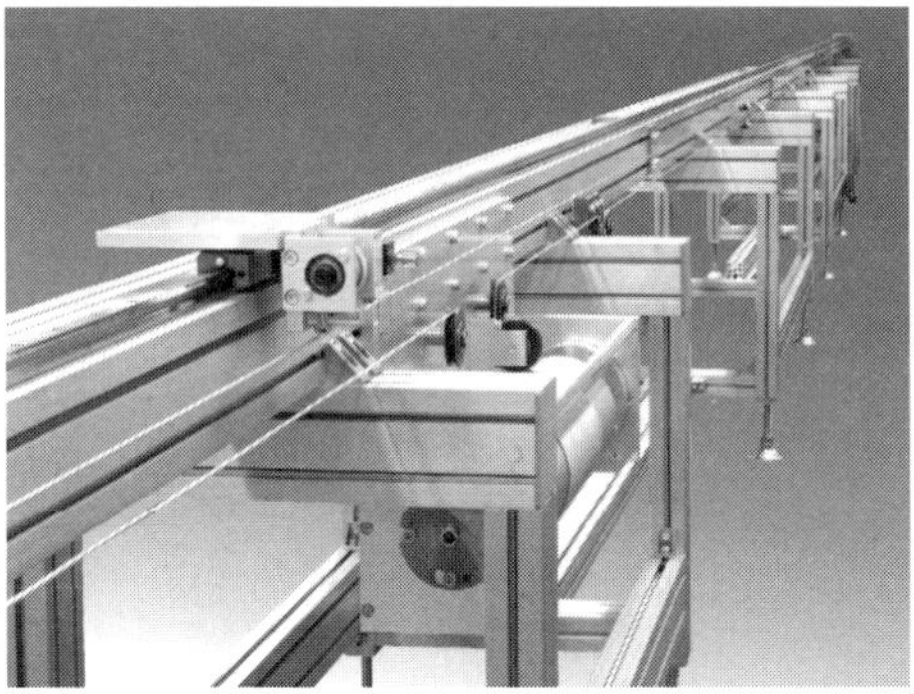
10メートルの長軸ローダー「FARBO」

わまずに10mの長さに対応できる長軸タイプで、「FARBO（ファーボ）」ブランドで16年秋から展開を始めた。

「当社の製品は世界で活躍している」と海外事業も動き始めた。12年に同社初の海外子会社となる中村機器自動化を中国・広州に設立、翌13年にはタイに駐在員事務所を開設し、16年には現地生産も始まった。当初は中国や東南アジアの顧客に対する自動化機器のメンテナンス対応を現地化することが狙いだったが、現地での自動化要望は高まるばかり。「新中計では現地企業の取り込みも進める」と意欲をみせている。

## 社是・理念

われわれは人と技術の調和を通して
われわれの生活の向上をはかり社会の発展に貢献します。

# ドライとウェットの二つのコーティング技術で各産業に展開

## 尾池工業㈱

電子ディスプレー用の機能性フィルムを主力としながら加飾用転写箔、食品用包装材料、ファッション用金銀糸など幅広く事業を展開する。特徴はドライコーティングとウェットコーティングを融合した基盤技術。140年超の実績で、最新エレクトロニクスから伝統工芸まで強みを発揮している。

売上高の40%を占めるのが電子ディスプレー関連。タッチパネル電極用の透明導電性フィルムなどのエレクトロニクス分野と、バックライト用の高反射フィルムなどの光学分野の両面で展開する。スマートフォンやカーナビなどに広く採用

**会社概要**

**本　　社**：京都市下京区仏光寺通西洞院西入ル木賊山町 181
**電話番号**：075-341-2151　**FAX**：075-341-8058
**主な事業所**：上鳥羽事業所本館・西館、東京事業所など
**設　　立**：1947 年 9 月　**資本金**：2 億 240 万円
**従 業 員**：624 名（尾池グループ）
**事　　業**：プラスチックフィルムの表面加工製品および二次加工製品の製造販売。透明導電性フィルム、反射防止フィルム、高反射フィルム、ウィンドーフィルム、ハードコートフィルム、包装材料、転写箔、金銀糸、成形用蒸着フィルムなど
**ホームページ**：http://www.oike-kogyo.co.jp/

代表取締役社長
尾池　均 氏

されており、また取引先の3分の2が海外と軸足はグローバル市場に移している。その他に加飾用転写箔の用途も多く、化粧品容器や家電、包装紙などに展開する。近年は自動車の内外装品向けが急増。転写フィルム以外にもフィルムだけでメタリック感を演出できる成形用蒸着フィルム「エコモールド」も採用が広がっている。また包装用途としては、酸素や紫外線の透過を防ぐアルミ蒸着の特性を生かし、食品向け包装パッケージで強みを発揮している。

## ◆世界最高レベルのバリエーション

技術的なコアの一つはドライコーティング。真空状態で金属などを気化してフィルムに薄膜を形成する真空蒸着と、同じく真空状態でイオン化した粒子をぶつけてターゲットの成分をフィルムに付着させるスパッタリングに分けられる。近

導電性や反射防止性などあらゆる機能をフィルムに付加する

応用範囲の幅が広がる
スパッタリング装置

年は緻密性や均一性が高いスパッタリングの対応も増えているが、低コストな真空蒸着の需要もまだ大きい。「ドライコーティングのバリエーションは世界最高レベルだ」と、尾池社長は設備の充実さに自信をみせる。

一方でウェットコーティングは有機化合物などの塗料を薄く塗布する。加飾用途だけでなく表面保護や光学調整などの機能付加用途も多い。いずれの製品を加工する上でも、ドライ技術とウェット技術の両方の組み合わせが不可欠という。

◆**連続式の真空蒸着機を国内で初めて導入**

明治期に着物の刺繍用金銀糸の製造・販売を始めたのが事業の始まり。本社は現在も、祇園祭の際に「木賊山」が建つ山鉾町内の伝統的な木造建築物。一見すると最先端の工業用素材を扱う企業とは思えない外観が特徴的だ。

祇園祭の季節には本社社屋の目の前に「木賊山」が建つ

1956年にロールを使った連続式の真空蒸着機を国内で初めて導入。それ以降、工業化の道にかじを切り、加飾向けや包装向けなど展開を広げた。90年代にはディスプレー分野への強化を進め、現在の主力事業の成長につながった。

尾池社長は家業を継ぐ前に京セラで経験を積んだ。京セラフィロソフィに強く共感したことで、「〝渦の中心〟となって仕事に取り組もう」を社員教育でも重視してきた。きらびやかな装飾技術という原点を大切にしつつ工業用途での可能性をさらに広げていく。

**社是・理念**

“GOOD COMPANY”を目指して、会社の発展のために、そして自分自身の素晴らしい人生のためにも“渦の中心”となって仕事に取り組もう!!

# コストパフォーマンスに優れる製品でFAセンサー業界で存在感

## オプテックス・エフエー(株)

　オプテックス・エフエーは、ファクトリーオートメーション（FA）用のセンサーを手がけるファブレスメーカーだ。設立は2002年と新しいが、開発に特化することで高機能でありながらコストパフォーマンスの高い製品を提供し、FAセンサー業界で独自の存在感を放っている。16年4月には、画像検査用のLED照明のシーシーエスと業務提携した。また17年1月には、オプテックスグループの持株会社制への移行に伴い、オプテックス、シーシーエスとともに事業会社となった。成長に向けた体制の変更になる。19年には売上高

**会社概要**

| | |
|---|---|
| 本　社 | 京都市下京区中堂寺粟田町 91 京都リサーチパーク 9 号館 |
| 電話番号 | 075-325-2920　FAX：075-325-2921 |
| 主な事業所 | 東京、海老名、名古屋、神戸、九州に 5 営業所 |
| 設　立 | 2002 年 1 月 |
| 資本金 | 3 億 8500 万円 |
| 従業員 | 200 名 |
| 事　業 | FA 用センサー・LED 用照明、検査装置の企画開発・製造・販売など |
| 売上高 | 61 億 5200 万円 |
| ホームページ | http://www.optex-fa.jp/ |

代表取締役社長
小國　勇 氏

100億円、売上高営業利益率10％以上を目指す。

◆部品の品質向上とともにセンサーも高度に

部品の品質向上には、検査に用いるセンサーの品質向上が欠かせない。部品の品質が上がれば、センサーの品質も向上し、常に密接に高め合う関係にある。オプッテックスは、1989年に独SICK AG（ジックAG）と光電センサー開発を目的に、合弁でジックオプテックスを設立した。欧州市場に強く、センサーに限れば世界トップクラスの企業だ。SICKから光学技術や情報が得られるのが大きく、より高精度なセンサーの開発に役立っている。

光電センサーは普及し、コモディティー化した。μm単位を測る変位センサー、画像処理用のLED照明、文字を読み取るカメラなどが好調だ。今後は国内、中国、東南アジア、イ

開発の拠点となる本社の外観

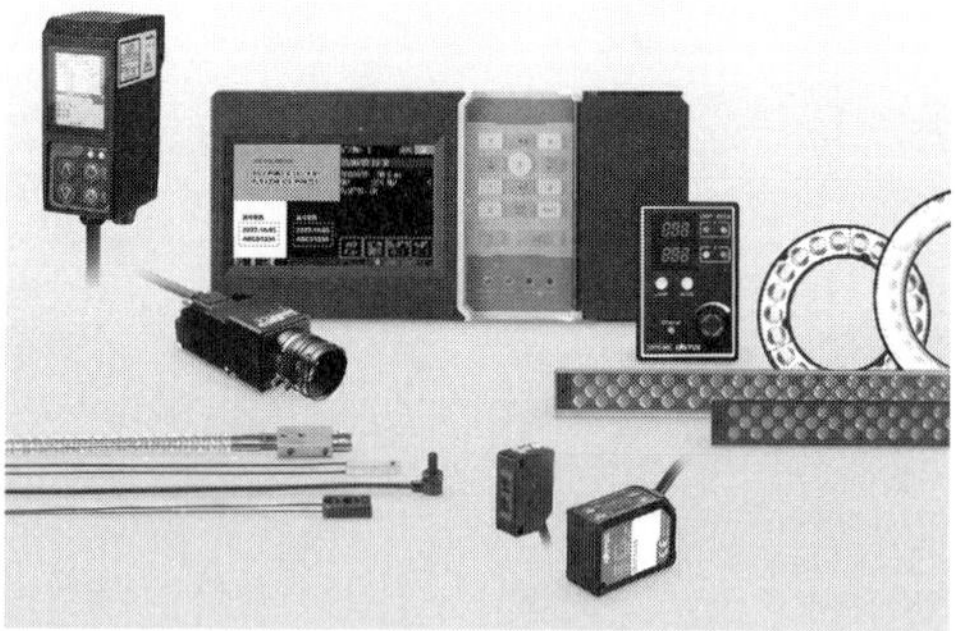

オプテックス・エフエーが扱う製品群

ンドでの販売に注力するほか、2017年には北米に販売拠点を設ける計画だ。

同社はファブレスであるため生産設備を持たず利益率も高く、研究開発にリソースを投入できる強みがある。まず社内の生産技術担当部署が工場のセル生産と同じ環境を構築し、実際にセンサーを作り、作業手順などを確認する。その後、生産工場の従業員にも作ってもらい、問題がなく生産できることを確認してから工場での生産に移るため、スムーズに立ち上がる。小國社長は「設計図を製造先に渡すだけでは製品はできない。かえって時間がかかってしまう」と、同社独自の強みを明かす。

### ◆新たなグループの始動

2017年1月には、オプテックスグループの持株会社制

コストパフォーマンスに優れた製品を次々と生み出す開発室

への移行に伴い、オプテックス、シーシーエスとともに事業会社となった。成長に向けた新たな体制が動き出している。

オプテックス・エフエーは、食品、医薬品、化粧品の業界に強い。一方のシーシーエスは、電子部品、半導体などの業界に強く、得意分野が重ならない。両社の優位性のある製品や新たなソリューションを顧客に提案できる。また開発面では、開発計画調整による、開発リソースの効率的な投入、オプテックスグループとシーシーエスが持つ生産ラインを相互に活用し、生産性を向上させるなど、多くのシナジーが期待できる。

## 社是・理念

お客様の満足、会社の成長、社員の幸福を実現する

# 受け継がれる挑戦する風土
# 世界初やトップシェア製品を多数創出

## オムロン㈱

オムロンはオンラインATMシステム、自動改札機など世界初の商品があり、電子血圧計など世界シェアで50%を超える、世界初やトップシェアの製品を生み出してきた。独自のセンシング&コントロール技術にThink（人の知恵）を駆使し、制御機器や電子部品、車載、社会システム、ヘルスケアなどの事業を110を超える国や地域で展開する企業となった。社憲は『われわれの働きで　われわれの生活を向上し　よりよい社会をつくりましょう』であり、もとは立石一真が創業したベンチャー企業だ。挑戦するベンチャースピ

**会社概要**

**本　　社**：京都市下京区塩小路通堀川東入
**電話番号**：075-344-4000　**FAX**：075-344-7001
**主な事業所**：東京、大阪、名古屋、三島、草津、綾部、岡山など
**設　　立**：1948年5月（創業1933年）
**資 本 金**：641億円
**従 業 員**：3万7709名（グループ合計、2016年3月末時点）
**事　　業**：FA機器、電子部品、車載電装部品、社会システム、ヘルスケア機器など
**売 上 高**：8336億円（グループ合計、2016年3月期）
**ホームページ**：http://www.omron.co.jp/

代表取締役社長 CEO
山田 義仁 氏

リットは現在も受け継がれ、社会的課題を解決していくことで事業を伸ばしている。

### ◆強みのセンシング&コントロール+Think

制御機器事業（IAB）では、センサーやスイッチなどのセンシング機器、プログラマブルロジックコントローラー（PLC）などのコントロール機器のシェアは高い。工場自動化（FA）分野では、製品構成とグローバルに販売、サービスを事業展開する強みがある。IoT（モノのインターネット）やAI（人工知能）などの登場で事業環境は大きく変化している。独自のセンシング&コントロールに、Think（人の知恵）を加えて事業展開しており大きな強みになる。これらの技術が活きるFA、ヘルスケア、車載、エネルギーマネジメントなど同社が事業展開する領域はいずれも今後の成長

独自のセンシング&コントロール技術にThinkを駆使してFA分野をリードする

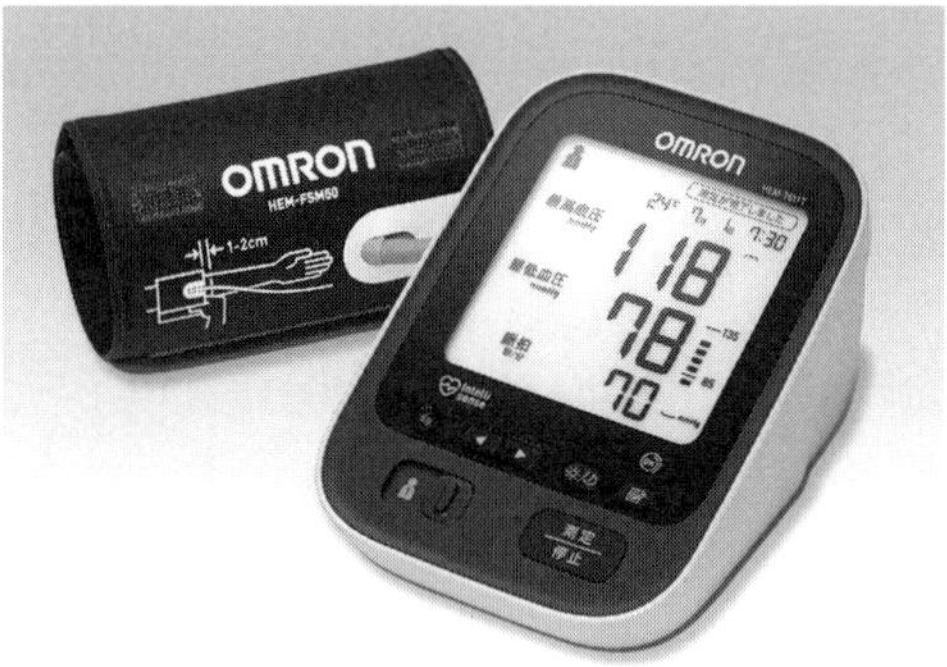

血圧計をはじめヘルスケア事業も強みとする

分野といえる。

同社はメーカーとして生産現場を持つため、ＩｏＴを活用してデータ収集から検証、生産性向上に役立てている。ＦＡ用コントローラーを生産する草津工場（滋賀県草津市）では、実装ラインで30％生産性を改善させている。常に改善を続けている生産現場でも、これだけの生産性向上の余地がある。

## ◆三つのイノベーションで製造業に貢献

国内外を問わず人手不足が問題となっている。特に国内では少子高齢化に伴う人員確保の問題や熟練技術者の不足が顕在化している。今後、日本の製造業が発展するためには、ＩｏＴやＡＩ技術を活用した生産性の向上・品質の安定化が欠かせない。ＦＡでは、生産現場での制御進化、知能化、人と機械の新しい協調の三つのイノベーションによる、製造現場

自動改札機はオムロンによる世界初の製品であり、同社のベンチャースピリッツを象徴する

の革新を目指している。ＰＬＣの劇的な進化により1台でロボットも生産ラインも制御でき、生産設備の情報も取れるようになる。生産設備の不調の前兆を捉え、予防保全もできる。

センサーやコントローラー、ロボットなど、すべて持っている企業は同社の他になく、競争優位性があると言える。先進的な取り組みに挑んでいる顧客とともに開発を進め、新しい価値をつくり、パッケージ化して提供する。

山田社長は「現場に強い日本の製造業は、さまざまな試行ができるのでＩｏＴやＡＩの波で復活する」とみている。

社是・理念

われわれの働きで　われわれの生活を向上し　よりよい社会をつくりましょう

# レーザ技術で産業発展に寄与「グローバル・ニッチ・トップ」

## ㈱片岡製作所

　レーザ技術を核に二次電池検査装置や太陽電池製造装置、液晶製造装置、レーザリペア装置などを開発。穴あけなど高精度微細加工や高効率の溶接などを実現し、エレクトロニクス・半導体やIoT、自動車、環境関連などあらゆる産業の発展に貢献してきた。2016年末にはレーザ技術を応用し、iPS細胞の培養時に出来る不要細胞除去装置を製品化するなどライフサイエンス分野に参入、新市場を切り拓き着実に事業の幅を広げている。「限られた分野や市場で世界ナンバー1を目指す『グローバル・ニッチ・トップ』戦略に徹する」

**会社概要**

| | |
|---|---|
| 本　社 | 京都市南区久世築山町 140 |
| 電話番号 | 075-933-1101 |
| F A X | 075-931-1608 |
| 主な事業所 | 久世工場、レーザ工場、先端レーザ研究所など |
| 設　立 | 1968 年 11 月 |
| 資本金 | 4 億 8570 万円 |
| 従業員 | 190 名 |
| 事　業 | 環境関連システム、レーザ加工機、ディスプレイ関連システム、ライフサイエンス、ロボット・省力化システム |
| 売上高 | 60 億円（2016 年 1 月期） |
| ホームページ | http://www.kataoka-ss.co.jp/ |

代表取締役社長
片岡 宏二 氏

と創業者でもある片岡社長の姿勢にはぶれがない。実際にリチウムイオン電池の検査装置は、同社製品が事実上のグローバルスタンダードとなっており、世界のエレクトロニクスや自動車関連産業などがこぞって採用するなどレーザの事業は広がり続ける。創業50年を迎える18年1月期には売上高100億円を目指している。

## ◆一貫生産、開発力、製品力、誠実さに強み

強みは、「まずは世界最先端の開発力だ」と断言する。当初は提携先のスイスの会社との共同研究を進めてきたが、1980年代には大学との産学連携での共同研究をスタート。2001年に横浜市港北区に「先端レーザ研究所」を設立するなど、強固でスピードある研究開発体制を築いた。生産力の充実も強みだ。レーザ加工装置の心臓部であるレーザ

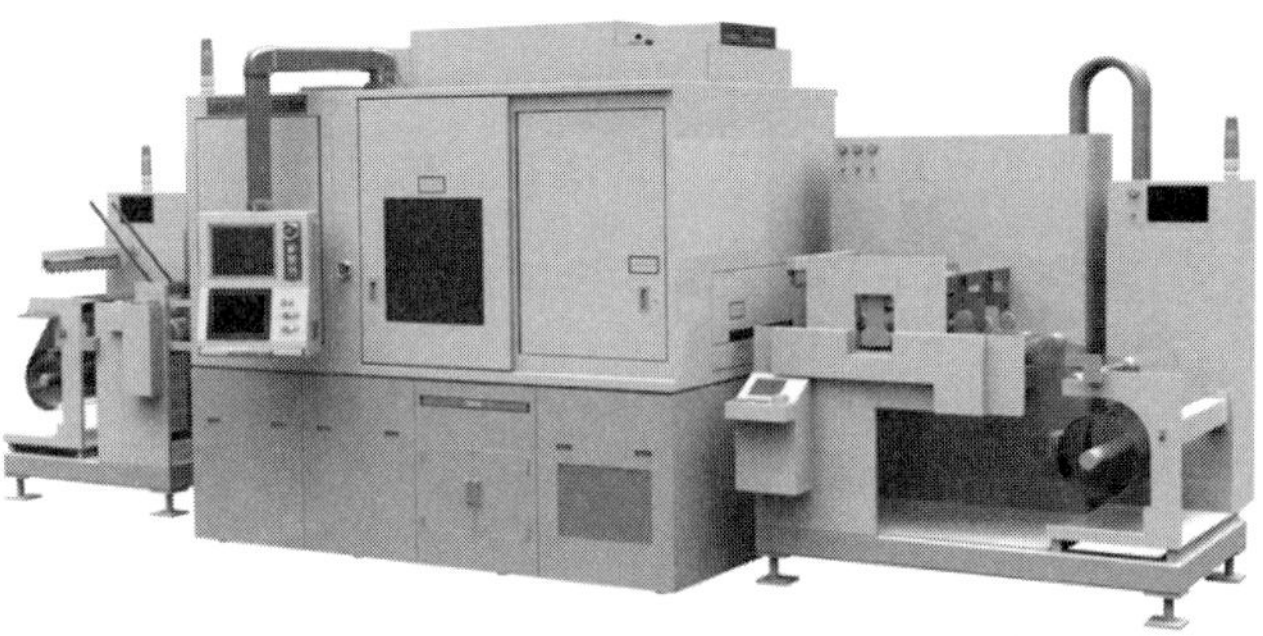

レーザ技術をコアに成長（写真はレーザパターニング装置）

iPS細胞プロセシング装置、ライフサイエンス市場に参入

発振器、光学系、加工機、制御・ソフトウエア、加工技術という5大要素を自社開発し、業界では少ない一貫生産を実現している。本社に隣接して久世工場やレーザ工場などを整備、効率生産も確立した。顧客要望に的確な高精度レーザ加工システムを提供する。

顧客満足につながる誠実さが最大の強みだ。顧客に困りごとがあれば、国内外どこにでも駆けつけて解決することで信頼関係を築いてきた。海外売上高も7割に達し、08年の台湾サポートセンターをはじめ、中国、イタリア、韓国、米国に現地法人を設置、海外での活動を強力にバックアップする。

### ◆ライフサイエンス、ロボット、レーザ派生技術活用

これからは協業で成長していく考えだ。大出力ファイバーレーザなど自社にない製品を調達、顧客ニーズに最適なシス

本社に隣接する
最新鋭のレーザ工場

テムを開発するシステムインテグレーターを目指す。他社の特徴などレーザの知見の蓄積があるからこそできる独自の事業となる。

これからは電子部品用の微細加工レーザ装置、リチウムイオン電池などの検査装置や製造装置を主力に、新たにライフサイエンス分野へ参入。装置加工技術を活用したロボット事業やテスト加工施設を使った受託生産事業なども期待できる。「レーザの派生技術は奥深い」と片岡社長は次の成長に思いを巡らせる。

社是・理念

[社是]　我社は、誠実な心を持って信頼される製品を生産し、社会に貢献すると共に、社業の恒久的発展をはかり、会社および株主・全従業員の繁栄を追求する。

# 素材からデバイスや情報通信まで高信頼の多角化経営

## 京セラ㈱

言わずと知れた京都の1兆円企業。工業用に優れた特性を持つファインセラミックスの製造技術を核に事業を拡大してきた。今や京セラと聞くと、電子部品、太陽光発電、複合機、携帯電話、情報通信サービス、宝飾品など、思い浮かぶ事業は人それぞれかもしれない。多角化経営により各業界で強みを発揮する。

自動車向けとしては、グロープラグなどのセラミック部品を中心に展開してきたが、近年は車載カメラなどのデバイスも目立つ。一方で半導体分野では、部品のパッケージやプリント基板で世界的な高シェアを誇る。またコンデンサーなど

**会社概要**

**本　社**：京都市伏見区竹田鳥羽殿町 6
**電話番号**：075-604-3500　**FAX**：075-604-3501
**主な事業所**：国内単体 15 工場、29 事業所ほか
海外グループ会社など
**設　立**：1959 年 4 月 1 日
**資 本 金**：1157 億 300 万円（2016 年 3 月期）
**従 業 員**：6 万 9229 名（2016 年 3 月現在、持分法適用子会社、持分法適用関連会社は除く）
**事　業**：素材、部品、機器など幅広い事業を展開
**売 上 高**：1 兆 4796 億 2700 万円（2016 年 3 月期連結）
**ホームページ**：http://www.kyocera.co.jp/

**代表取締役社長**
谷本 秀夫 氏

の電子部品は、スマートフォン向けを中心に拡大。太陽光発電でも水上メガソーラーなどの新展開に注目が集まる。

近年のM&Aでは、液晶ディスプレー、有機パッケージ、パワー半導体など、電子デバイスを中心とした領域拡大が目立つ。また、携帯電話などの通信技術の応用で開発した「M2Mモジュール」を車載向けに展開するなど、従来の枠組みを超えたノウハウの活用も広がる。

サーメット材などを用いる切削工具分野では、グループ初のインドでの生産開始を実現。プリンター・複合機ではヨーロッパで高いシェアを持つなど、グローバル展開の戦略も分野ごとに大きく異なる。

## ◆オイルショックを教訓に多角化の道へ

稲盛和夫名誉会長が京都セラミックを創業した当時は間借

さまざまな部品や半導体に使用するセラミックパッケージで世界トップクラスのシェアを誇る

太陽光発電では、
自然環境にも配慮した
水上メガソーラーを展開

りの工場。急成長のきっかけは、米IBM社からのセラミックパッケージの大量受注だった。これで知名度が高まり引き合いが一気に増加。1965年に300億円弱だった売上高は、わずか2年後に1000億円を超えた。ところが、その後オイルショックによる景気減退で打撃を受ける。それを教訓とし、切削工具、太陽光発電、医療材料など、多角化の道へ進む。

1982年にはサイバネット工業など関連会社を統合し「京セラ」へと社名変更。そこからプリンターなど機器事業が本格化する。その後、ITブームによる部品需要の増加や積極的なM&Aで規模を拡大してきた。

## ◆京セラフィロソフィとアメーバ経営の両輪

成長を支えた根幹は、稲盛氏が提唱した「アメーバ経営」だ。少人数の部署ごとで経費などの数字を管理する独自の手法

創業当時の写真。米IBM社からの大量受注により短期間で急成長した

は、全員参加の経営体質を浸透させ、多くの企業経営者にとって手本となっている。

ただ、数字のみを追求すると組織や人間関係はこじれがちになるもの。だからこそ「人間として何が正しいのか」を示す「京セラフィロソフィ」が大切になる。この京セラフィロソフィとアメーバ経営を両輪とした経営が、同社の成長を支えている。

2016年からはグループ内の事業統合を相次いで実施。山口社長は、「経営のスピードを上げ、社員の気持ちを一つにすることが大事だ」と真意を語る。新たな事業体制でさらなる飛躍を目指す。

**社是・理念**

**全従業員の物心両面の幸福を追求すると同時に、人類、社会の進歩発展に貢献すること。**

# センシングソリューションでIOT社会を支える

## コーデンシ㈱

シリコン単結晶太陽電池に始まり、エンコーダーやセンサーで存在感を放ち、オプトエレクトロニクス分野で研究開発型企業として注目を集める。創業者の中嶋会長兼社長は「さらなる成長に向けたイノベーションの時だ」と考えている。これまでもシリコン単結晶太陽電池やセンサー、エンコーダーと変革の階段を踏んできた。第四世代として新しいキーワードに据えるのが「ソリューション」だ。エンコーダーや検知センサーなど部品単体中心の事業からさらに幅を広げ、センサー技術をコアにした製品やサービスをトータルで顧客

**会社概要**

**本　　社**：京都府宇治市槇島町十一の161
**電話番号**：0774-23-7111
**F A X**：0774-20-3961
**主な事業所**：日本、中国（香港、上海）、シンガポール、タイ、アメリカ
**設　　立**：1972年5月
**資 本 金**：9億3300万円
**従 業 員**：249名
**事　　業**：半導体の製造販売、電子応用機器の開発
**売 上 高**：184億5000万円（2016年3月期）
**ホームページ**：http://www.kodenshi.co.jp/

代表取締役会長兼社長
中嶋 郭和 氏

に提供。課題をそっくり解決して付加価値の増大を実現するソリューション事業が、「生き残りに不可欠で、きちんと確立すれば今まで通り顧客の高い支持を獲得できる」と確信している。

## ◆七つのソリューションを推進

ソリューション事業は、ＩｏＴ、家電機器、ＯＡ、アミューズメント、イルミネーション・サイネージ、産業機器・医療機器、自動車の七つのカテゴリーで展開を計画している。人体検知に使えるサーモパイルセンサー、障害物検知の小型測距センサー、対象物の実体速度をとらえる高速度イメージセンサー、モーター制御のエンコーダー技術といったセンシング技術が期待される。ソリューション事業の推進のため、２０１６年に社内カンパニー制を導入した。既存ビジネスに

数々のソリューションを
発信する本社

用途は多岐にわたる
同社が扱う各種センサー

とらわれない新しい事業開拓を目指して、それぞれが新しいパートナーとつながって創出に取り組んでいる。

ソリューション事業の展開とともに、強みである技術開発力の強化も着実に進んでいる。従業員の約3割が開発に従事。チップからの一貫開発や、MEMS技術によるSi立体加工技術プロセスを開発し、従来のフォトダイオードプロセスだけでは検出できなかった長波長のセンシングや、プレッシャセンサー開発にも成功している。

## ◆創業50年、活躍の場が広がる

拠点整備も強固だ。半導体生産と物流管理を担う韓国コーデンシ、組立製造拠点の中国瀋陽中光電子との三国間での分業体制に加え、首都圏営業を担うコーデンシTK、甲信越地区の営業と産機向けの多品種少量の生産をこなすコーデンシ

ソリューションを支える
素子や表面実装小型部品

DHなど国内外でグループ会社を設立。シナジー効果によりグローバル社会へ対応した成長を目指す。また、合理化や能力増強で需要増に応える一方、従来の自前主義から脱却し、パートナーシップやアウトソーシングといった新しいものづくりにも取り組む考えだ。

２０２２年には創業50年を迎える。IoT社会においてあらゆる分野でネットワークにつながるためにセンシングソリューション技術を中核に、さらなる活躍の場を広げていく。

**社是・理念**

私たちは人格の向上と創造的進化で限りない発展に努め、いかなる困難にも屈せず、常に開拓精神を発起し、社会に貢献し、会社生活をみんなで豊かにするため努める

# 流体計測制御をコアに成長

## コフロック㈱

精密バルブや流量計、マスフローコントローラなど流体計測制御機器、ガス発生装置のメーカーとして確固たる地歩を固めている。1分当たりの流量が1cc－1Lの微小流量域に強く、分析機器などに使われる微小流量域の面積式（フロート式）流量計は、国内シェア8割以上と圧倒的な存在感を放つ。また、マスフローコントローラは半導体製造装置向けシェアが上位を占めるが、「面積式は海外の需要増が見込め、ガス発生装置は新規分野などにさらに成長が期待できる」と小島社長は満足していない様子。2013年に上海に設立した

**会社概要**

| | |
|---|---|
| 本　社 | 京都府京田辺市草内当ノ木 1-3 |
| 電話番号 | 0774-62-4411 |
| F A X | 0774-63-5041 |
| 主な事業所 | 本社、東京、名古屋、大阪、京田辺工場など |
| 設　立 | 1974年7月（創業1949年4月） |
| 資本金 | 1億円 |
| 従業員 | 187名 |
| 事　業 | 面積式流量計、流体制御バルブ、電子式流量計、各種流体制御装置、窒素・酸素・オゾンガス発生装置、燃料電池評価装置など |
| ホームページ | http://www.kofloc.co.jp/ |

代表取締役社長
小島 眞理子 氏

販売子会社など国内外拠点を軸に攻勢をかける考えだ。

「流体を科学する」をモットーに、コア技術である気体や液体の計測と制御にこだわった成長戦略で、創業70年を迎える20年3月期には売上高40億円を目指す。

## ◆ニーズに対応した開発で市場をリード

流量計、精密バルブ、流体計測制御機器とガス発生装置が成長戦略の二本柱だ。主力の気体用流量計は半導体製造装置向けや真空装置向け、ガスクロマトグラフなど分析計測向けなどで好調を持続。また、液体用流量計は食品医薬産業向けに本腰を入れて伸ばしていく考え。13年に発売した液体用の超音波流量計は、非接触でストレート型構造という特徴が評価され、大手飲料会社の採用が決まった。

小型から大型までそろえる窒素や酸素などガス発生装置

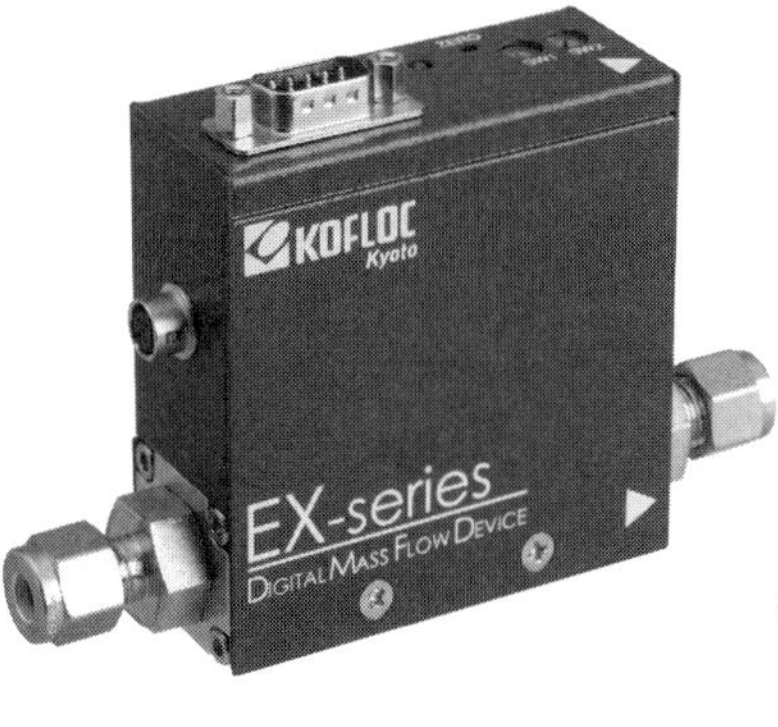


半導体製造装置向けでシェア上位の「EX シリーズ」

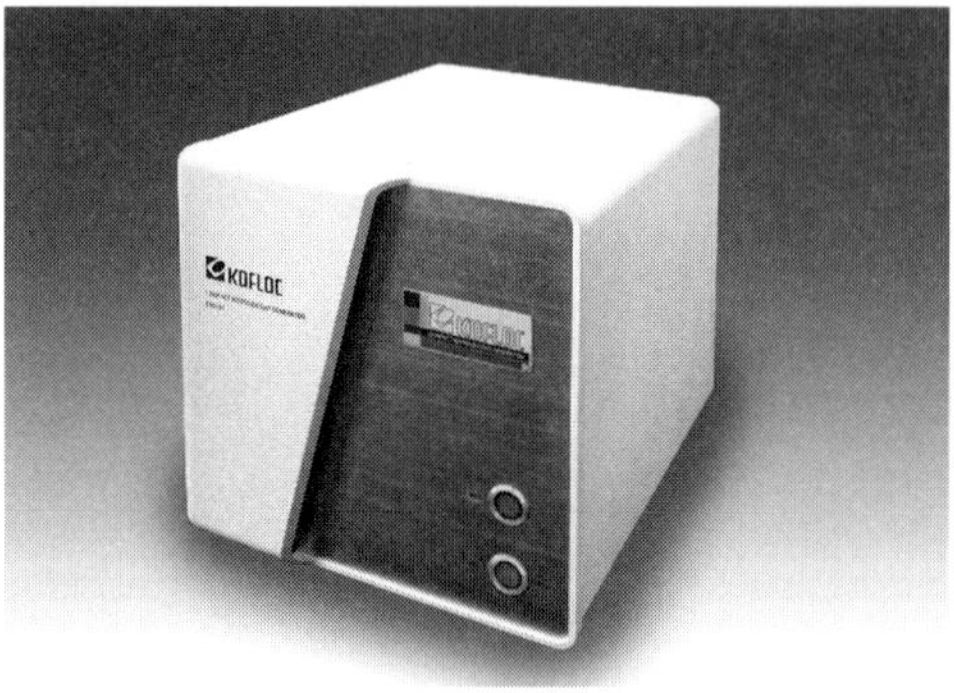

小型ガス発生装置「ミニキューブ」はデザインも優れる

は、従来の産業設備など工業用途に加えて食品関連産業からも多くの引き合いを得ている。デザインにもこだわった小型ガス発生装置「ミニキューブ」は大学研究室など新しい市場を開拓している。「測る、制御するという機能はモノづくりの基礎。精度や再現性の高度化、小型軽量化などニーズに対応した開発を進め、コア技術に磨きをかけ続けることで市場をリードする」との構えだ。

同社のルーツは1949年創業の小島久直商店で、創業時から微小流量計を手がける。1990年の酸素ガスや窒素ガス発生装置に続き、マスフローセンサーなどの電子式流量計などを加え、現在の事業の基礎を築いた。2008年に経済産業省の「関西フロントランナー大賞」を受賞し、09年には経済産業省の「元気なモノづくり中小企業300社」に選出されるなど経営やモノづくりへの高い評価が同社への信頼を高めている。

リニューアルをした
本社工場

◆本社工場をリニューアル

体制整備は着実に進んでいる。東京、名古屋、大阪、上海の営業拠点を軸に販路を拡大。生産では八幡工場に続き、本社工場のリニューアルが16年に完了し、本格稼働を始めた。組み立てや検査など分散していた流量計の生産工程を一貫体制に改め、ロボットの導入など自動化の推進で「競争力の源泉であるコストとデリバリーを実現、今後の需要増大に備えた生産能力も増強した」と胸を張る。20年3月期の売上目標の達成に向けて準備万端であり、さらなる成長が期待される。

## 社是・理念

「温故知新」

# コンデンサー用リード線端子と光通信部品で世界展開

## 湖北工業㈱

アルミ電解コンデンサー用のリード線端子の製造を主力とし、同部品として世界シェア40％以上を占める。加えて近年は、海底に敷設する光通信ケーブル用部品の事業も強化。IoT（モノのインターネット）ネットワークのインフラ構築の需要を取り込み、電子部品向けと通信インフラ向けの二本柱で世界展開を加速している。

リード線端子は、アルミ電解コンデンサー内部の電極箔に接続して電子回路などに電気エネルギーを伝える重要部品。中国や台湾の競合メーカーが人件費の高騰などで苦戦する

**会社概要**

**本　　社**：滋賀県長浜市高月町高月 1623
**電話番号**：0749-85-3211　**FAX**：0749-85-3217
**主な事業所**：海外子会社中国２拠点、シンガポール、マレーシア、スリランカ
**設　　立**：1959 年 9 月
**資 本 金**：3 億 5000 万円
**従 業 員**：170 名（連結 1400 名）
**事　　業**：アルミ電解コンデンサ用リード線端子、光通信用部品・デバイスの製造販売
**売 上 高**：91 億円（2016 年 12 月期グループ連結）
**ホームページ**：http://www.kohokukogyo.co.jp/

**代表取締役社長**
石井　太 氏

中、自動車の電子化向けの需要が堅調だ。高シェア実現のポイントは国内で初めて実現した自動製造技術にある。ミクロン単位の制御で鉄・銅・アルミなどの異金属を溶接し同時にプレス加工を行う。石井社長は「プラズマ物理、電気工学、機械工学、流体力学など、あらゆる技術要素を取り込み最適化した」と自信をみせる。この独自装置により中国やマレーシアを中心に量産を実現している。金属表面に発生する針状結晶であるウィスカ対策も特徴的だ。電気回路のショートの原因もなるため一般的にはアルカリ洗浄で対応するが、完全な抑制は困難。独自の紫外線（ＵＶ）樹脂コーティング技術によりウィスカの発生をゼロに抑え、高品質を実現している。

## ◆光通信ケーブルを新たな柱に

もう一つの柱は、光通信ケーブルに使用するアイソレー

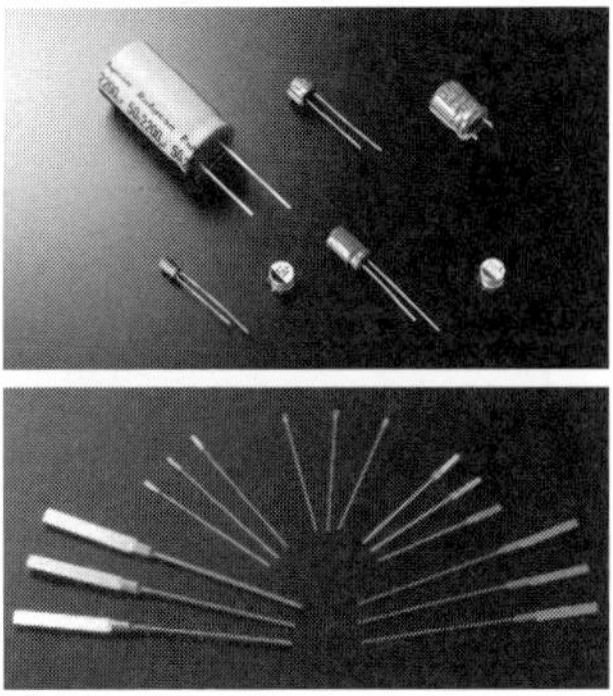

同社のリード線端子（写真下）がアルミ電解コンデンサー（写真上）の機能を支える

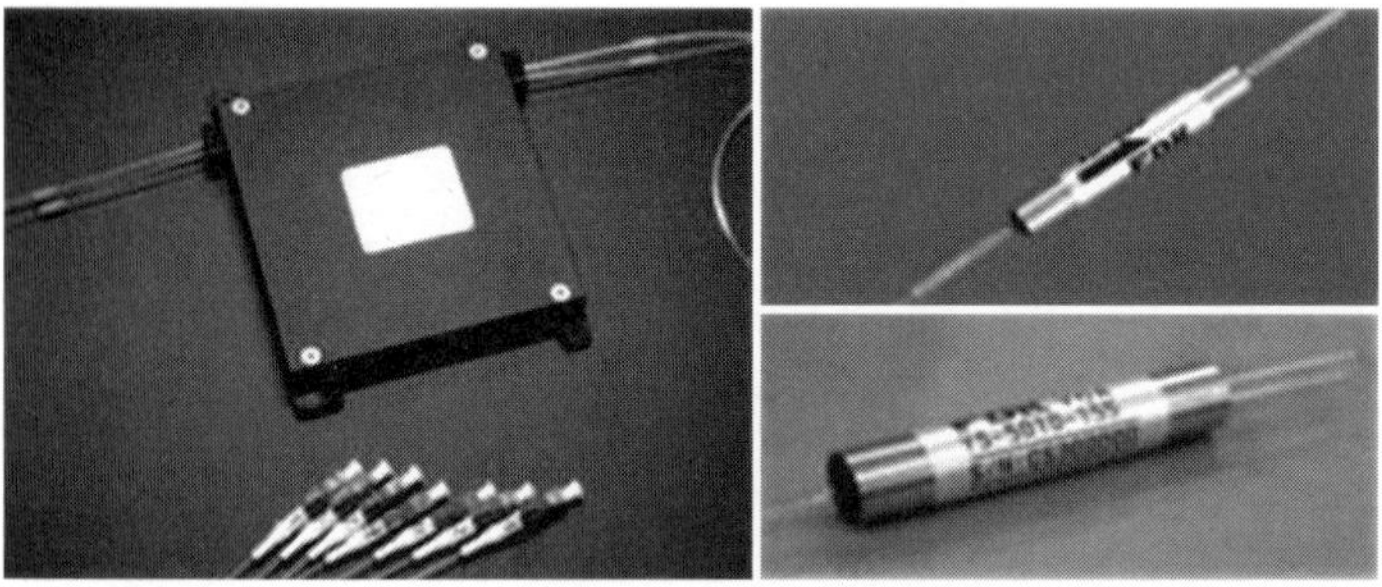

さまざまな光通信光デバイスを扱っている。
写真右上は光アイソレーター、右下は可変光減衰器、左は光モジュール

ターやフェルールなどの部品製造だ。順方向の光のみを透過する精密な技術により、製品ラインアップを増やしている。また海底用ケーブルのため敷設後のメンテナンスは困難であり、高い信頼性が求められる。

近年の通信インフラ技術としては、主に無線技術が脚光を浴びることが多い。だが石井社長は、「無線通信基地局を設置するためにも、そもそも光通信ケーブルの敷設が前提となる」と、ケーブル向けの底堅い需要に期待を示す。近年は、特にデータセンター向けファイバーアレイの需要が顕著に伸びている。

### ◆接続部品からファイバーへの転換

1959年の創業以来、リード線端子の製造で会社規模を順調に拡大。産学連携を模索する中で、2000年にフェルー

開発ならびに営業拠点となる本社外観

ルなどの光通信関連事業に乗り出す。その後、15年にFDKの光通信事業を譲受してスリランカの生産拠点と数十名の技術者を取り込み、同事業を拡大した。近年はこの素材となる石英の加工技術を生かし、自動車生産の工程で使用するファイバーレーザーなどにも進出。接続部品からファイバーそのものへ展開が移りつつある。

リード線端子の事業はアジア向けが中心だが、光通信の分野は米国のIT企業向けなどにも展開が広がる。こうした流れを追い風にして、30年には売上高500億円まで成長させたい考えだ。

## 社是・理念

豊かな個性を尊重する全員参加型の経営を実践し、新しい価値の創造を通じて、オンリーワン企業を目指す

# プラズマ技術でモノづくりに付加価値と高度化

## ㈱魁半導体

　魁半導体はプラズマを表面改質に活用し、広く産業界から注目を集めている。同社の大気圧プラズマ装置や真空プラズマ装置は、ぬれ性向上などの表面改質をはじめ、洗浄、親水化、密着強化などを実現。モノづくりに付加価値と高度化を実現すると評価が高く、幅広い支持を集めている。田口社長はエレクトロニクスや自動車、化学など従来用途をベースに、食品や医薬・医療、環境など新市場開拓に取り組む構えだ。また、研究開発や試作用途を中心に事業展開してきたが、量産現場向けにも積極的に提案、既存顧客の事業拡大に役立つ

**会社概要**

本　　社：京都市下京区西七条御前田町 50
電話番号：075-204-9589
F A X：050-3488-5883
主な事業所：本社
設　　立：2002 年 9 月
資 本 金：1000 万円
従 業 員：17 名
事　　業：プラズマシステムの開発・製造・販売、受託事業
売 上 高：1 億 7000 万円（2016 年 7 月期）
ホームページ：https://sakigakes.co.jp/

代表取締役社長
田口 貢士 氏

など顧客と共に成長を目指す戦略を練っている。３年後の２０１９年７月期の単独売上高は５億円、21年７月期には、10億円を目標に急成長を狙う。

### ◆ユーザーニーズに的確な製品開発力

同社の強みは、ユーザーや市場のニーズに的確な製品開発力だ。製品企画では展示会などで収集したユーザーの要望や課題からニーズを抽出。開発会議や改良会議などでさらに検討を重ねて、確度の高いニーズを発掘することに時間を費やしている。表面の汚れを除去する洗浄、塗装効率を引き上げる親水化、粉体の親水性や密着性を改善する分散・凝集、ミクロンレベルの微細加工を行うエッチングなど、ユーザーの求める機能をプラズマ装置で実現し相次いで投入してきた。

同社は、京都工芸繊維大学発ベンチャーとして２００２年

ニーズに的確に対応する製品開発が強み

炭素の親水化、プラズマの処理前処理後

に創業し、10年には「関西フロントランナー大賞」を受賞。12年に「中小企業優秀新技術・新製品賞」の優良賞・産学官連携特別賞、16年に「超モノづくり部品大賞」の電気・電子部品賞を受賞するなど、その評価は高い。

### ◆期待製品相次ぐ、粉体、複雑形状、ガスフリー

今後期待するのは、まずは回転式チャンバー搭載の粉体プラズマ装置だ。炭素粉末の親水性を引き上げ、エタノールと同等の分散性を実現、混合が容易になる。リチウムイオン電池では、フッ素系樹脂が不要になるため導電性の高い電極が実現する。そのほか材料開発や電子部品の一括前処理など用途は広い。

複雑形状へのプラズマ処理の要望に応えたのが、チューブ内面や凸凹などの受託処理事業だ。ポリテトラフルオロエチ

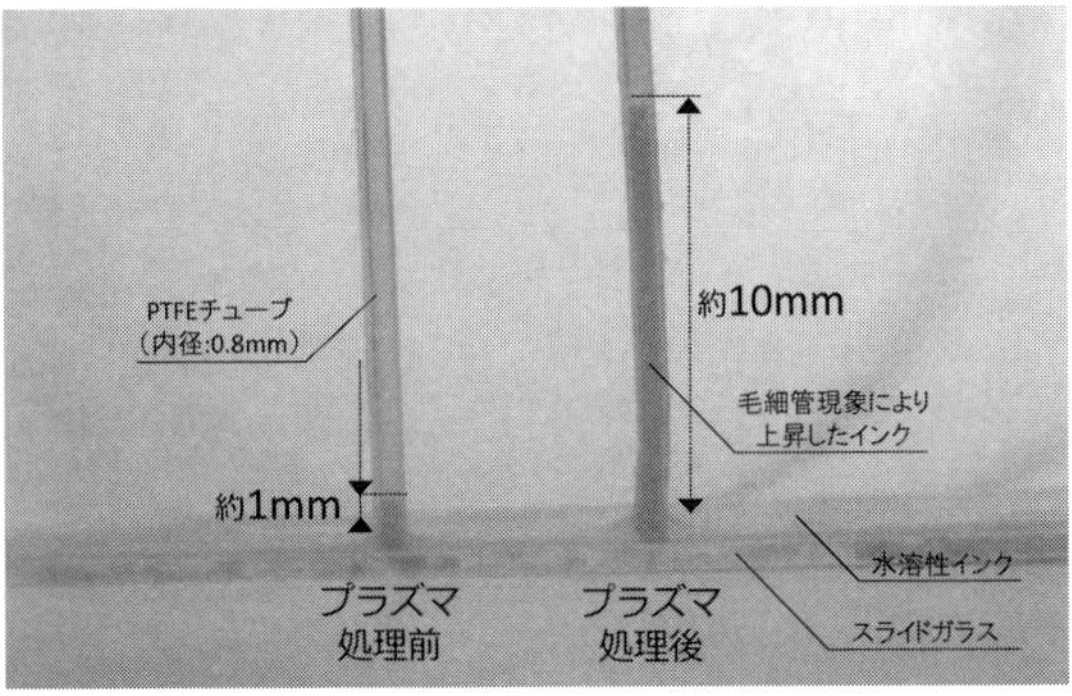


右がPTFE製チューブ内面に処理後、親水化が向上

レン（ＰＴＦＥ）製チューブ内面にプラズマを処理する。カテーテルなど医療機器に利用されるが、薬剤洗浄が難しいことに目をつけた。また、これまでの常識を破るのが、ガスフリー型大気圧プラズマ装置。電極構造の工夫により周囲の酸素をプラズマ化させる。原料の酸素など外部からのガス供給が不要で、あらゆる場所で使える。歯科の充填物処理など反響は大きい。

２０１５年には、中国など海外市場に強い販売子会社の魁を設立し、国内外での拡大体勢も整った。「物質の第四の状態であるプラズマがもたらす可能性も市場も無限に広がる」と意気込む。

## 社是・理念

とにかくやってみる！（Just do it ！）

# 化合物半導体の薄膜技術でエレクトロニクスを支える

## サムコ㈱

薄膜形成技術を強みに半導体や電子部品の市場を製造装置の面から支える。半導体基板上に薄膜を形成する化学気相成長（ＣＶＤ）装置、形成した薄膜に微細加工を施すドライエッチング装置、基板表面にクリーニングや改質を施すドライ洗浄装置の三本柱で展開する。創業時から続く産学連携で、常に最先端技術を追求している。

半導体技術はシリコンやゲルマニウムなどの元素半導体を中心に研究が進んできた。そんな中で、主流ではないガリウムヒ素（ＧａＡｓ）や窒化ガリウム（ＧａＮ）などの化合物

**会社概要**

| | |
|---|---|
| 本　社 | 京都市伏見区竹田藁屋町 36 |
| 電話番号 | 075-621-7841 |
| F A X | 075-621-0936 |
| 主な事業所 | 東京、愛知、米国、中国、台湾、シンガポール |
| 設　立 | 1979 年 9 月 |
| 資本金 | 16 億 6368 万円 |
| 従業員 | 169 名（2016 年 7 月末） |
| 事　業 | CVD 装置、ドライエッチング装置、ドライ洗浄装置など半導体等電子部品製造装置の製造、販売 |
| 売上高 | 53 億 4519 万円（2016 年 7 月期） |
| ホームページ | http://www.samco.co.jp/ |

代表取締役社長
石川 詞念夫 氏

半導体の技術に強みを持つ。こうした技術を生かし、有機金属気相成長（ＭＯＣＶＤ）装置を国内で初めて開発し、化合物半導体製造向けに投入した。また発火性が低い液体原料を用いるＬＳ‐ＣＶＤ装置も業界で先駆けて展開。石川社長は、「有機物を含む液体を使って薄膜形成すること自体、当時は理解が得られにくかった。だが今や電子部品製造分野では不可欠な技術となっている」と語る。

現在のけん引役はドライエッチング装置で、売上高の６‐７割を占める。誘導結合プラズマ（ＩＣＰ）のプロセス技術を独自に研究し、業界のデファクトスタンダードとなっている特殊コイル電極「トルネードＩＣＰ」を開発。高速で均一性に優れた加工が可能となり、ＧａＮなどエッチングが難しい材料の加工の道を切り開いた。

ドライプロセス技術は洗浄装置にも活用された。プラズマ

生産技術研究棟の外観

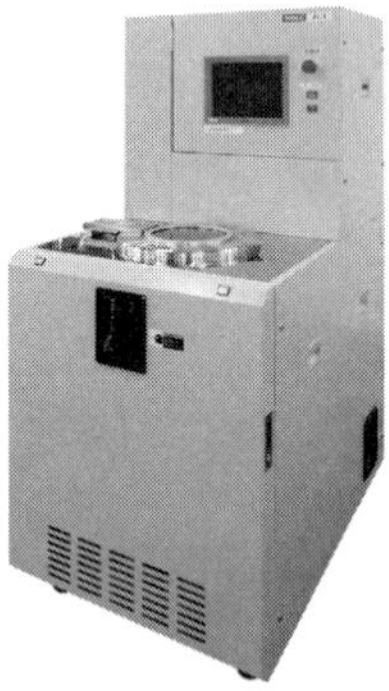

CVD装置の一種である
ALD（原子層堆積）装置

ドライ洗浄は、薬液によるウエット洗浄ではないため精密洗浄分野に強い。ワイヤーボンディングの接着強度を高める用途などに活用される。

### ◆産学連携で製品化につなげた

強みの源泉は産学連携による基礎研究の積み重ねだ。1979年にサムコインターナショナル研究所として創業した辻理会長は、ワイドバンドギャップ半導体材料であるセレン化亜鉛など化合物半導体の研究を、京都大学と共同で続けてきた。これがMOCVD装置の製品化につながった。

また97年にペットボトルの内側にダイヤモンドライクカーボン（DLC）薄膜をコーティングする技術をキリンビールと共同開発。酸素の透過を抑制して内容物の酸化を防ぐ機能を持ち、多くの飲料製品に使用されている。

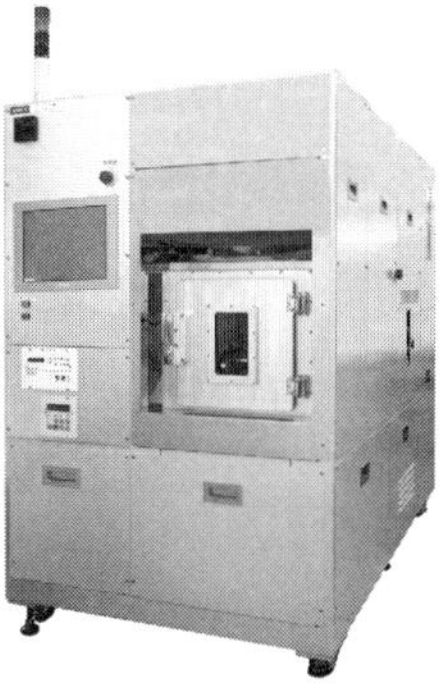

シリコン深掘りエッチング装置

◆業界の枠を超えて薄膜技術の拡大を

米国に研究開発拠点を置くが生産拠点はあくまで国内。営業展開としては、欧米企業の生産拠点が集中する東南アジアで精力的に進めている。近年はリヒテンシュタインの半導体洗浄装置メーカーを買収するなど事業規模の拡大にも意欲的だ。

2016年にはサムコ科学技術振興財団を設立。薄膜形成の技術を半導体だけでなくバイオや医療分野にも広げ、若手研究者を基礎分野から支援する体制作りに着手している。基礎研究を重要視してきた精神が、業界の枠を超えて広がりつつある。

**社是・理念**

薄膜技術で世界の産業科学に貢献する

# さまざまな環境での「電気の居場所」づくりで貢献

## ㈱GSユアサ

宇宙から航空、自動車、深海まで、GSユアサが電池を供給する範囲は多岐にわたる。特殊な環境で使用される国際宇宙ステーション（ISS）や人工衛星、有人潜水調査船などに採用されるのは、性能とともに信頼性の証しでもある。鉛蓄電池事業は事業買収により市場シェアも高まり、強みを増している。リチウムイオン電池は産業用途での展開も見え始めている。2016-18年度の第四次中期経営計画では、売上高4800億円、営業利益率8％以上、自己資本利益率（ROE）10％以上を目指している。17年は前身の日本電池の設

### 会社概要

本　　社：京都市南区吉祥院西ノ庄猪之馬場町 1
電話番号：075-312-1211
主な事業所：京都事業所、群馬事業所、長田野事業所、小田原事業所ほか全国 7 支社
設　　立：2004 年 6 月
資 本 金：100 億円
従 業 員：1 万 4415 名（グループ全体）
事　　業：自動車用・産業用各種電池、電源システム、受変電設備、照明機器などの製造・販売
売 上 高：3656 億円（2016 年 3 月期 グループ連結）
ホームページ：http://www.gs-yuasa.com/jp/

代表取締役社長
村尾　修 氏

立から100年を迎え、翌18年にはユアサ　コーポレーションの設立から100年を迎える。新たな100年に向けスタートを切った。

### ◆リチウムイオン電池の用途が拡大

ISSで新たに使用される同社グループのリチウムイオン電池は、高エネルギー密度で長寿命かつ高効率で充放電できるのが特徴。現在、搭載されているニッケル水素電池に比べ、質量あたり約3倍のエネルギー密度がある。車載用では国内の自動車メーカーに加え、海外自動車メーカーへの販売も増えつつあり、村尾社長は「産業用については車載用の量産効果で低コスト化したリチウムイオン電池を展開できる」とさらなる普及に期待を込める。

大容量・高入出力という特徴を生かし、電力や鉄道、AG

京都本社の外観

ISS用バッテリーに採用された
宇宙用リチウムイオン電池

V（無人搬送車）などでも利用され始めている。16年9月には、多摩都市モノレール（東京都立川市）の日野変電所に2000kW出力の回生電力貯蔵装置「イースリーソリューションシステム」を納入している。大容量と高入出力のリチウムイオン電池を組み合わせたシステムで、非常走行試験ではリチウムイオン電池の電力のみで駅間に停止した車両を安全に退避させられることが確認されている。

### ◆鉛蓄電池事業も強化

16年10月には、パナソニックの鉛蓄電池事業を譲受し、GSユアサ エナジーとしてGSユアサの子会社となった。これにより鉛蓄電池のシェア世界2位のポジションがより強固となった。シナジー効果の中でも、鉛や樹脂など調達ボリュームの拡大によるコスト低減効果が大きい。またGSユアサと

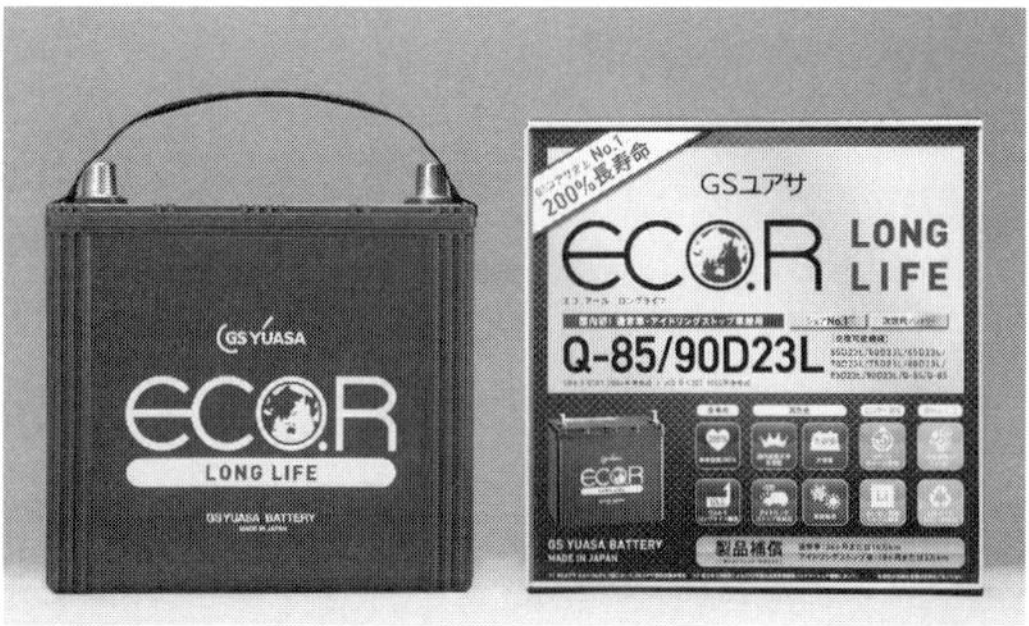

長寿命を実現した自動車用鉛蓄電池「エコ.アール ロングライフ」

しては福知山と京都、群馬に工場があり、譲受した浜名湖工場（静岡県湖西市）と合わせて最適な生産体制が構築できる。工場別に量産の規格品製造に特化させたり、特型や大型の製造に特化させたりするなど分担が可能になる。

ＧＳユアサは電池専業メーカーとして、さまざまな電池の開発の歴史を背景としたノウハウがあり、ケミストリーの部分が強い。また、パナソニックから事業譲受した鉛蓄電池事業はエレクトロニクスの部分が強い。村尾社長は「相互の得意分野を活かせば開発スピードがあがる」と見ている。

## 社是・理念

「革新と成長」

GS YUASAは、社員と企業の「革新と成長」を通じ、人と社会と地球環境に貢献します。

# FA向けシステムのノウハウを生かしてロボット開発

## スキューズ㈱

工場自動化（FA）機器向けシステムインテグレーションとロボット開発の二つを事業の柱とする。特に近年はFA機器の制御ノウハウを生かしてロボット分野が急成長。まるで人間の手のように精密に動くロボットハンドなどが大きな注目を集める。「機械に命を吹き込む」という創業精神のもと、常に新しい提案を続けている。

FA機器向け事業としては、プログラマブルロジックコントローラー（PLC）分野で大きな強みを持つ。PLCのソフトウエア開発から現場での設備立ち上げまでをトータルで

### 会社概要

**本　社**：京都市南区吉祥院新田弐ノ段町 106
**電話番号**：075-694-0101
**F A X**：075-661-5110
**主な事業所**：京都本社、東京事業所
**設　立**：1997 年 10 月（法人設立 2002 年 4 月）
**資本金**：5 億 4203 万円（2016 年 12 月末）
**従業員**：85 名（2016 年 3 月末現在）
**事　業**：FA（ファクトリーオートメーション）事業、ロボット事業、トータル・カスタマー・ソリューション事業
**売上高**：約 10 億円
**ホームページ**：http://www.squse.co.jp/

代表取締役
清水 三希夫 氏

手がけ、多くの実績を持つ。その他にもロボット制御や画像処理など幅広いソリューションを提供する。

こうした技術を生かして始まったのがロボット事業だ。対象物をつまみ上げて移動させる作業用ロボットは、食品の箱詰めや自動車部品のピッキングなど幅広い現場で導入。一方、空気圧で動作する小型アクチュエーター「プライアントマッスル」や、その空気圧の制御ユニットなど小型・軽量化に特化した展開も進めている。

特に近年は、このプライアントマッスルを内蔵した五指ロボットハンドが大きな脚光を浴びた。シリコン素材で人間の皮膚を再現し、堅い物から柔らかい物まで自在につかむ微細な調整が可能。現在は研究機関向けの受注生産が中心だが、2017年には工場内の単純労働向けに製品化する予定だ。

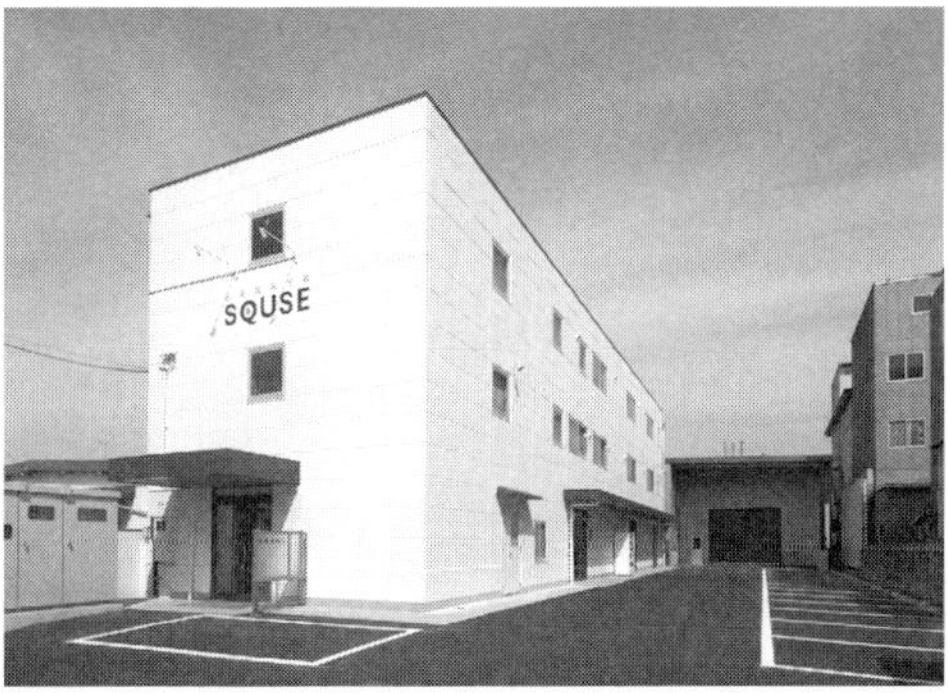

2012年12月に新設した京都市南区の本社工場の外観

人間の手のような
繊細さで物が掴める
五指ロボットハンド

◆個人事業からの急成長

大手紳士服の営業マンだった清水社長が、エンジニアとして働く友人との再会をきっかけに、全く経験のないＦＡ業界に転身。数年の経験を積んだ後、１９９７年に個人事業のシステムインテグレーターを立ち上げた。株式会社化した後は業務システムの設計・開発を手がける企業と提携し、基本的な技術開発や人材育成を強化して成長してきた。その後、電気制御盤メーカーを事業承継したことでハードウエアのノウハウを取り込み、ロボット事業の立ち上げにつながった。

現在はＦＡ事業とロボット事業を一本化したトータルカスタマーソリューション事業への転換を進めている。ここ数年は、その成果として商品移載検品装置を開発。食品や化粧品業界向けへの展開を強化している。

農作業への展開も始めている。写真はトマト自動収穫ロボットの試作機

◆顧客ニーズを満たすための
エンジニアリング

同社が重視するのは、量産化体制の構築よりも新しい製品やサービスの提案力。そのため社内コミュニケーションは非常に活発だ。清水社長は「エンジニアリングの仕事はコーディネーターと同じ。顧客ニーズを満たすために必要なモノを選択しないといけない」と持論を語る。そのニーズに合致した柔軟な提案力でロボット事業に弾みがつき、今後は事業規模の急拡大が見込めるという。２０２０年に売上高１００億円という目標を掲げ、世の中にない商品を生み出すべく情熱を注ぐ。

**社是・理念**

創業の精神：機械に命を吹き込む。
企業理念：世界のものづくりを支える。
経営姿勢：「信頼」と「独創」
事業スローガン：FA とロボットは夢でつながっている。

# 照明と表示の専門分野で存在感

## 星和電機㈱

星和電機は、防水・防爆形などの産業用照明、道路・トンネル照明、道路などの道路情報板をはじめとする道路情報表示システム、配線ダクトに代表される樹脂製品、電磁ノイズ（EMC）対策製品など各事業分野で実績を上げ、専門分野におけるトップメーカーの地位を築いてきた。2020年に開催される東京オリンピック・パラリンピックまでに発生する道路情報表示システム、道路・トンネル照明などの需要をとらえて拡販を目指す。

**会社概要**

**本　　社**：京都府城陽市寺田新池 36
**電話番号**：0774-55-8181
**F　A　X**：0774-58-2034
**主な事業所**：国内 11 カ所、連結子会社国内 2 社、海外 3 社
**設　　立**：1949 年 1 月（創業 1945 年 10 月）
**資 本 金**：33 億 80 百万円
**従 業 員**：469 名（183 名）（2016 年 3 月現在）
（　）内は臨時従業員の年間平均人員を外数で記載
**事　　業**：道路情報表示システム、産業用照明機器など
**売 上 高**：連結　233 億 97 百万円（2016 年 3 月期）
**ホームページ**：http://www.seiwa.co.jp/

**代表取締役社長**
増山 晃章 氏

## ◆産業用、道路の照明に強み

同社は2002年4月に青色LEDの独自開発に成功し、同年12月には白色LEDを開発に成功するなど開発力、技術力には定評がある。照明事業のもとをたどると、1949年に化学繊維メーカーからの依頼を受けて、国産初の防水・耐酸形蛍光灯照明器具を開発し、翌1950年に販売しスタートを切ったところに遡る。1954年には安全増防爆形蛍光灯照明器具を開発している。道路交通照明分野においては、関門海峡トンネルへの採用を勝ち取った1957年に、照明器具一式を納入した。防水や防爆形などの照明を手がけてきた技術の蓄積があったからだ。2016年9月には、国内業界初となる防爆エリアに設置可能な防爆形非常用LED灯照明器具を販売した。

高速道路のトンネル照明は一般道よりも、明るさが求めら

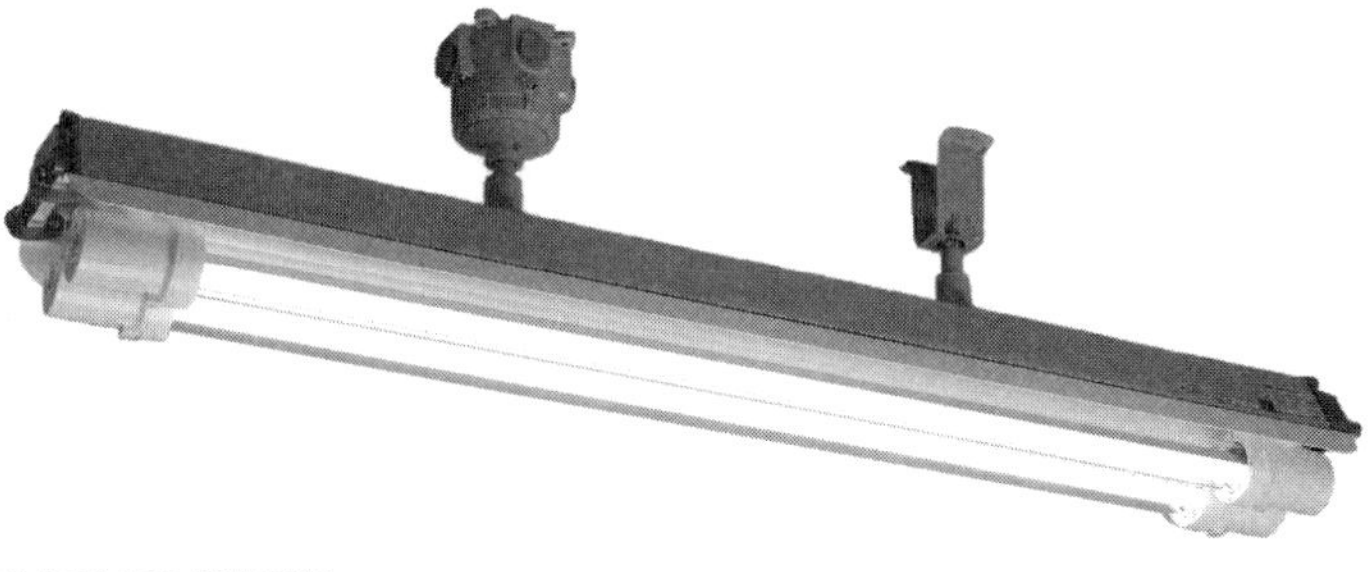

防爆形 LED 照明器具

道路標示版

れる。トンネルの天井付近から道路まで照らし、求められる明るさを満たす性能を持った発光ダイオード（ＬＥＤ）トンネル照明も開発された。同社は低圧、高圧ナトリウムランプや蛍光ランプを使ったトンネル照明を手がけてきており、配光技術のノウハウがある。トンネル照明としては、路面や壁面および先行車の視認性を高めた照明方式を開発している。こうした照明事業から、現在の主力事業でもある道路などの道路情報表示システムへとつながっていく。

また、配線作業の合理化に役立つ側片折り取り式カッチングダクトやケーブル引き込み口に用いる防塵・防水機能を持つエスシーロックがある。１９９７年にはデジタル機器の普及に伴い増加している電磁波ノイズの遮断、発生を防ぐ電磁ノイズ（ＥＭＣ）対策製品事業を開始している。

本社写真

◆社内風土改革に着手

２０１５年には、同社で働く社員として共有すべき価値観と仕事の仕方などをあらわした「Ｓｅ・ｉｗａ　Ｗａｙ」を導入した。社内の風土改革の一環で、早い社会変化に対応できる強い企業体質を作っていくのが狙いだ。働く価値観、仕事の仕方など意識改革をベースに根本的に変えていく仕掛けを行う。例えば、製品の品質に対する考え方が変われば、良い製品を生み出すことにつながる。顧客にも喜ばれ、より良いフィードバックが生まれ、顧客や協力会社との関係をより良くすることを目指す。

社是・理念

人材の開発と相互信頼に努め、
新技術に挑戦して、社会に貢献する。

# 精密金型技術でコネクターを世界展開

## 第一精工㈱

第一精工は、ノートパソコンやスマートフォンなどの電子機器内部に搭載するコネクターを主力とする部品メーカー。特にノートパソコン向け細線同軸コネクターとしては世界トップクラスのシェアを誇る。精密金型の技術を強みにして、自動車部品事業でも順調に拡大を続けている。

主力であるコネクターの中でも、特に細線同軸コネクターや高周波（RF）同軸コネクターを強みとする。電子機器の小型化・薄型化が進む中で、電気信号の高速・大容量伝送への貢献は大きい。近年は新領域として、フレキシブルプリン

**会社概要**

| | |
|---|---|
| 本　社 | 京都市伏見区桃山町根来 12-4 |
| 電話番号 | 075-611-7155 |
| ＦＡＸ | 075-611-7150 |
| 主な事業所 | 東京事業所、福岡事業所、静岡事業所 |
| 設　立 | 1963 年 7 月 |
| 資本金 | 85 億 2200 万円 |
| 従業員 | 5923 名 |
| 事　業 | コネクタおよびエレクトロニクス機構部品事業<br>自動車電装関連部品事業、半導体設備など |
| 売上高 | 487 億 4900 万円（2015 年 12 月期） |
| ホームページ | http://www.daiichi-seiko.co.jp/ |

代表取締役社長
小西 英樹 氏

ト基板（FPC）やフレキシブルフラットケーブル（FFC）向けコネクターのほか、基板同士を接続するボード・ツー・ボード（Board to Board）コネクターなども積極展開している。

自動車部品事業は、6割超がデンソーからの受託製造。エンジン回転センサー、吸排気の圧力センサー、車輪速度を検出するセンサーなどの商品化を、第一精工の高い生産技術力で実現している。近年は車載用コネクターの自社開発も展開。LEDヘッドライトなどへ採用も進んでいる。

## ◆精密金型メーカーのノウハウで一貫生産を実現

強みの源泉は精密金型メーカーとして出発した独特な歴史にある。「生産に必要な精密金型を全て内製する技術を持つため、開発スピードが速く、量産対応も可能になる」（同社経営企画室）のが特徴だ。また、金型だけでなく主要生産設

京都本社の外観

主力製品の細線同軸コネクター

備も自社開発することで、設計・開発から設備の製作、部品の成形や組み立てまでの工程を一貫で行う体制を構築してきた。２００４年には細線同軸コネクターのパイオニアであるアイペックスと経営統合。コネクター事業は主力事業へと急成長し、12年に同社を吸収合併した後でもアイペックスブランドで世界中に供給している。

## ◆トルクセンサーやMEMSで新展開

近年は海外メーカーが急成長し、製品の差別化が難しくなってきた。そのため14年ごろからは新規事業の展開を強化。その一つが、産業用・医療用分野のロボットの関節部などに使用する静電容量型トルクセンサーの「エストルク」だ。作業者への接触などを精密に検知することができ、作業性や安全性への貢献が見込まれている。

展示会での商品PRの様子

また別分野として、チタン酸ジルコン酸鉛（ＰＺＴ）を圧電薄膜に用いた微小電気機械システム（ＭＥＭＳ）デバイスの開発に取り組む。この技術を生かし、これまで地震感知器やＭＥＭＳミラーの製品化を実現している。

供給先の大半が海外メーカーのため、シンガポールを中心に中国、インドネシア、マレーシアなどに生産拠点を展開。現在では海外８カ国11工場に拡大し、全従業員の約７割が現地雇用だ。

スローガンは「ちゃんとつくる」。そのシンプルさの裏に技術者のプライドがうかがえる。

## 社是・理念

弛ゆまざる研究と開発を糧に あしたを歩む技術に生きる
少数精鋭主義を貫き 高能率・高賃金を目指す
理念の統一を要に 社業の躍進に励む

# オプトメカトロニクスの露光装置でFPD業界を下支え

## ㈱大日本科研

フラットパネルディスプレー（FPD）などの製造で使用する露光装置を展開する。技術の進展に伴い、液晶ディスプレー（LCD）やプラズマディスプレー（PDP）の他、有機エレクトロ・ルミネッセンス（OLED）、パワー半導体、微小電気機械システム（MEMS）などさまざまなデバイスに対応。光学・精密機械・電子制御を融合した「オプトメカトロニクス」を掲げ、業界の成長を支えてきた。

露光とは基板上に電子回路のパターンを光で転写する技術。スマートフォン向けタッチセンサーやLCD向けカラー

**会社概要**

**本　　社**：京都府向日市寺戸町久々相1
**電話番号**：075-922-1146
**F A X**：075-931-9058
**主な事業所**：本社・工場、大原野工場、久世工場
**設　　立**：1967年2月
**資 本 金**：5000万円
**従 業 員**：142名
**事　　業**：露光装置製造業、精密機器製造業
**売 上 高**：30億円（2015年4月期）
**ホームページ**：http://www.kakenjse.co.jp/

代表取締役
岡本 光三 氏

フィルターなどの製造工程で不可欠なものだ。感光剤（フォトレジスト）を塗布した基板上に原版となるフォトマスクを重ねて光を照射。照射部分の反応によってフォトマスクのパターンを転写形成する。その工程を実現するのが露光装置だ。FPDと構造が異なる半導体デバイスなども露光工程の基本的な技術は同じ。さまざまな素材や形状の異なる基板などに柔軟にカスタマイズして対応する。岡本社長は、「設計・加工技術を社内に持っているため、設計者がいつでも加工部門と相談・対応できる」と自社の強みを語る。

### ◆マスクレス露光装置で新展開

１９６７年の創業当初は、半導体向けの縮小投影型露光装置（ステッパー）の製造が中心だった。大手他社の参入で装置に必要なレンズの調達が困難になったことを受けてＦＰＤ

ロール・ツー・ロールの
両面同時露光装置

クリーンルームでの製造が基本だが、近年はその設備が不要なスキームも広がりつつある

向けに転向し、LCDの産業をその黎明期から支えてきた。

近年の大きな転機は、2006年にマスクレス露光装置の開発会社「INDEXテクノロジーズ」を、米ボールセミコンダクター社と共同設立したこと。フォトマスクが不要となるため、製造コストの削減やパターン設計の微修正がリアルタイムで可能となる。10μm以下の露光によるパターン形成に強みを持ち、パワー半導体やMEMS市場向けに期待が高まっている。

## ◆顧客への細かいフォローに努める

盛衰が激しいFPD業界は事業のかじ取りが難しい。近年は中国などで大型LCDの生産強化が注目されるが、事業リスクが高いとして、こうした大型基板向けの参入には慎重な姿勢をみせる。代わりにスマートフォン向けなどの中小型基

JR向日町駅前に立地する本社

板向けに展開の主軸を移す。

また、産業技術総合研究所が主導するコンソーシアム「ミニマルファブ・プロジェクト」にも参画する。クリーンルーム不要で製造できるため大規模な設備投資が不要で、かつ小ロット生産に適しているとして注目を集めるプロジェクトだ。今後はこうしたスキーム展開も一つの柱になるという。

岡本社長は、「今や大量納入をすれば済むという時代ではない。継続的な受注のためには顧客への細かいフォローが必要」と、市場環境の変化を冷静に分析する。そして、知識やサービスを含めたトータルソリューションの強化により一層努めている。

## 社是・理念

於量、非最大
於質、成最良
大量製造よりも品質の良い製品を提供する

# 多方面でセンサーを展開するベンチャー企業集団

## 竹中センサーグループ

セキュリティ関連から産業用や医療用まで、センサーとその周辺機器を幅広く手がける竹中センサーグループ。独自の経営システムによってベンチャー精神を維持し、ニッチ市場をリードしている。

七つの独立した事業会社を統轄本部の「竹中グループセンター」が一元管理する独自の分社経営が特徴。各事業会社は、総務、経理、財務、不動産管理などの間接業務を統轄本部に委ねる。太陽の周りを惑星が回るイメージからオペレーションサテライトと表現し、「竹中オペサテシステム」と呼ばれ

**会社概要**

**本　　社**：京都市山科区東野五条通外環西入 83-1
**電話番号**：075-592-2222
**F A X**：075-591-2333
**主な事業所**：東京・大阪・福岡
**設　　立**：1959年5月
**資 本 金**：4億2100円（合計）
**従 業 員**：485名（合計）
**事　　業**：産業用・工業用光電子センサ、セキュリティ用センサ
**売 上 高**：187億円（2015年12月期）
**ホームページ**：http://www.takex.co.jp/

**会長**
竹中 慎一 氏

ている。竹中会長は、「グループとしてのまとまりが薄れがちな分社経営のデメリットを抑えられる」と説明する。

加えて、自社工場を持たないファブレス生産も特徴的。経営資源をより一層、研究開発と営業に集中できる。

## ◆各業界それぞれでトップを走る

グループ全体の中で最も事業規模が大きいのは、セキュリティ関連製品を扱う「竹中エンジニアリング」だ。人の侵入などを認識する近赤外線センサーとしては国内トップシェアを誇る。監視カメラ製品が中心のセキュリティ業界では、近赤外線センサーは外周警備用という専門分野。ニッチ市場なだけに他の追随を許さない。近年は霧噴射による防犯機器「フォグガード」が注目を集めるなど、センサー以外の展開も徐々に広げている。

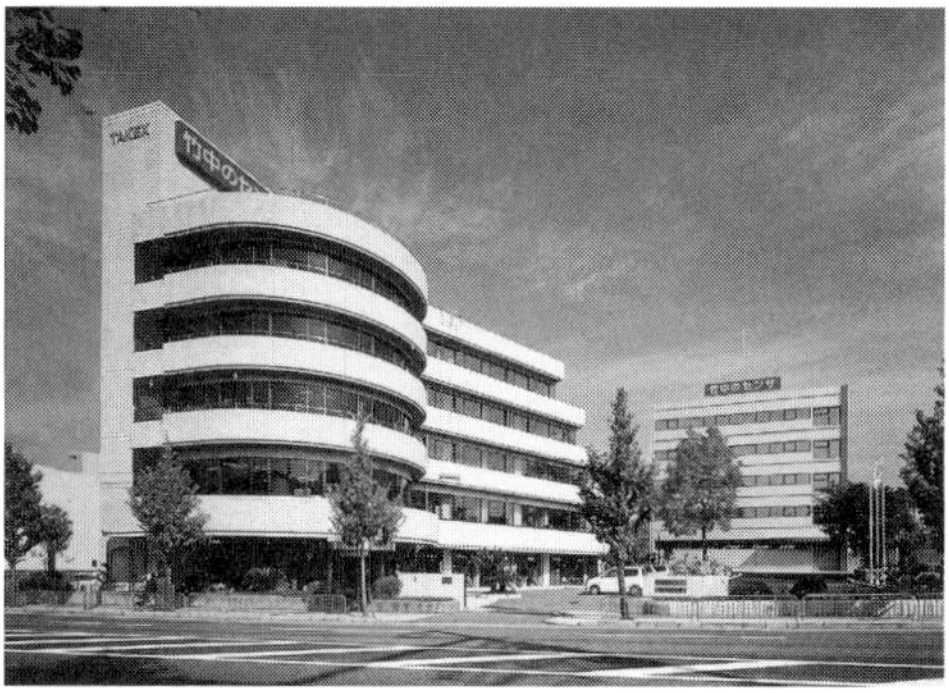

竹中グループセンターと竹中エンジニアリングが入居するTAKEX東野ビル

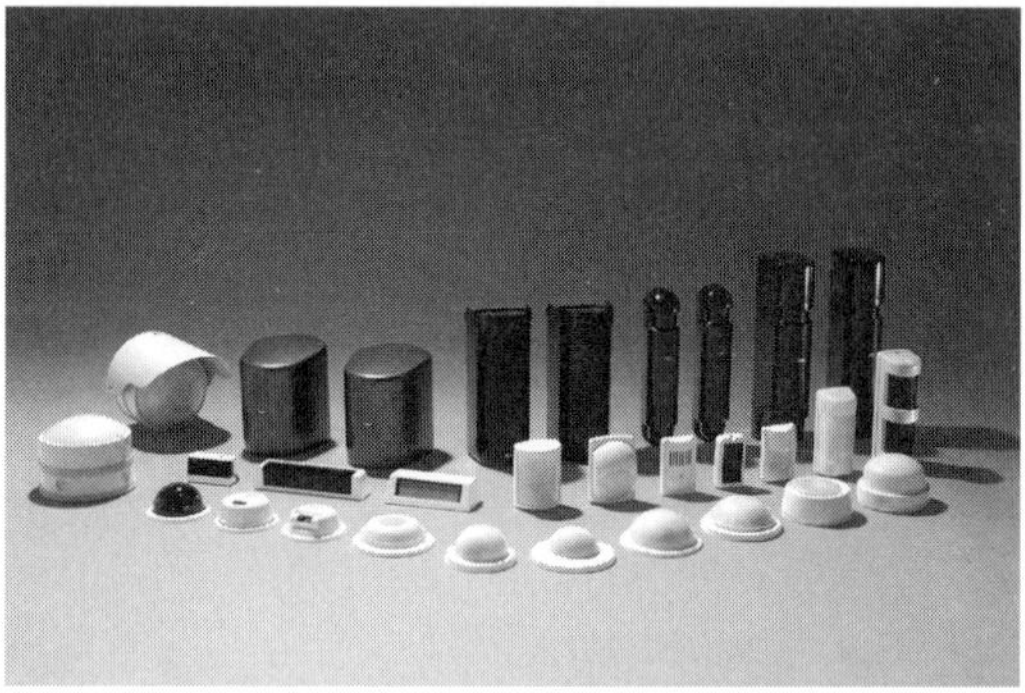

竹中エンジニアリングの防犯用赤外線センサ製品群

工業用・産業用センサーを担うのは「竹中電子工業」。竹中会長の父、竹中新策氏が創業したグループ発祥の会社でもある。鉄鋼・重工業用、防爆用、半導体装置用などで高いシェアを誇る。

また、医療用CTスキャンなどに使われるレーザーマーキングで高いシェアを誇るのが「竹中オプトニック」であり、ラインスキャンカメラのパイオニアとして高い画像処理技術で活躍するのが「竹中システム機器」であるなど、各社が独自分野でトップを走る。

## ◆セキュリティ市場の拡大にかけられた期待

今後、特に市場拡大が予想されるのはセキュリティ関連。2020年の東京オリンピックに向け確実にニーズは増える。そのため、竹中エンジニアリングをはじめ、グループの

竹中電子工業の防爆構造光電子センサ

「セキュリティハウス・センター」にも期待が高まる。この会社は、全国の防犯専門企業をネットワーク化し、その運営本部として活動する。竹中エンジニアリング製の防犯機器を加盟企業に導入してもらうことで、展開の裾野を広げている。

いずれもニッチ市場なだけに各分野ともさらに攻め込む余地が大きい。

グループが成長する中でも、「あまり成果主義にはこだわらない」と竹中会長は語る。そのため、従業員との距離の近さは社風の一つ。「規模を拡大させるだけが経営ではない」の言葉に、生き残り戦略の重みがある。

## 社是・理念

[社是]
センサーとその周辺機器で、社会に必要なものを新しく生み出し、社会の一隅を照らそう。
[善循環の経営]
社会に役立つ仕事をする。会社が堅実に発展する。社員の生活が向上する。

# 半導体モールディング装置のトップ企業

## TOWA㈱

TOWAは創業以来、半導体のモールディング装置分野で多くのデファクトスタンダードを提供し、世界60％のシェアを握るリーディングカンパニーである。

近年、モールディングプロセスでTOWAオリジナルのコンプレッション方式が採用され、同社の強みとなっている。コンプレッション方式とは、モールディングの際に従来のタブレット状ではなく顆粒状の樹脂を使用することにより品質の安定と樹脂効率100％を達成する最先端封止技術だ。また、モールディング装置以外にも、超精密金型製作技術から

### 会社概要

本　社：京都市南区上鳥羽上調子町5
電話番号：075-692-0250　FAX：075-692-0270
主な事業所：東京など国内6拠点、中国・韓国・東南アジア・欧米など海外18拠点
設　立：1979年4月
資本金：89億3200万円
従業員：1191名（2016年12月現在）
事　業：半導体製造装置・超精密金型・ファインプラスチック成形品の開発製造販売、保守業務
売上高：221億8600万円（2016年3月期連結）
ホームページ：http://www.towajapan.co.jp/

代表取締役社長
岡田 博和 氏

派生した新規事業にも取り組んでいる。

### ◆好調なコンプレッション方式

ＰＣやスマートフォンに続きＩｏＴ（モノのインターネット）や、自動車の自動運転、そしてデータ量の増大に伴うデータセンターの増設など半導体需要の増加が予想される。特に三次元ＮＡＮＤフラッシュメモリーやアプリケーションプロセッサー、ＣＭＯＳセンサー、指紋センサー、パワーデバイスなどの製品の伸びが顕著であり、それに適合したコンプレッション方式は品質の安定と生産性を両立した装置として高評価を得ている。

これに加え、中国では政府主導により半導体産業を発展させるシナリオがあり、同社は昨年、蘇州工場を増築して装置の生産能力を倍増させるなど中国市場に対応済みである。

本社のある京都から
世界へモールディング
装置の最先端技術を発信

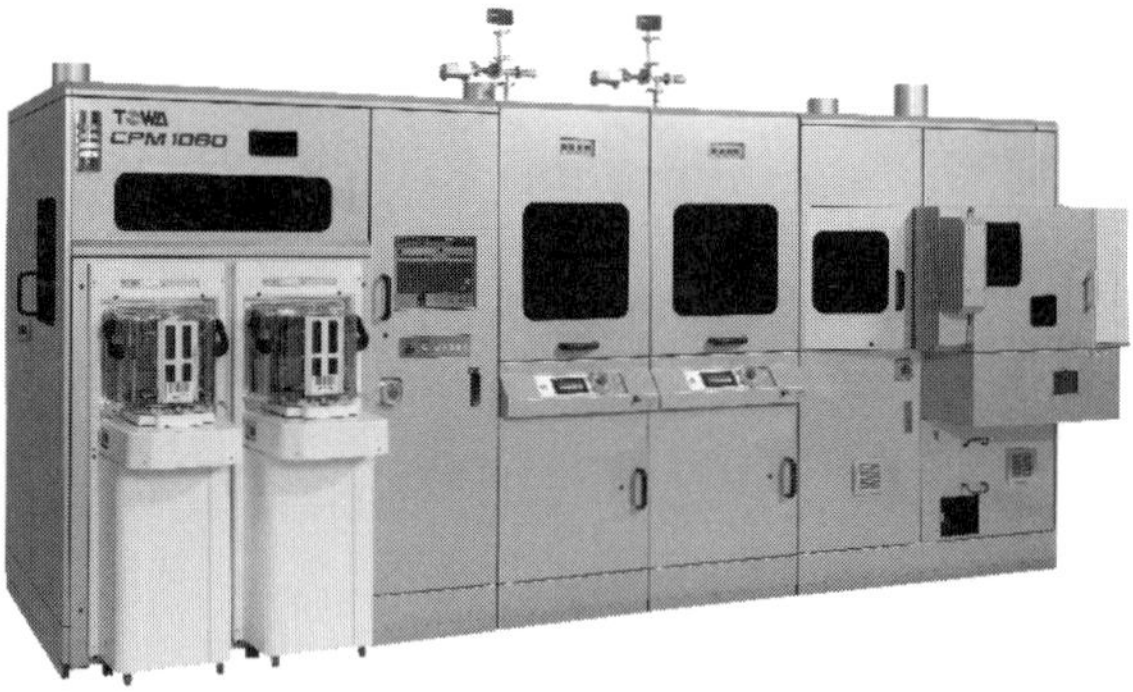

コンプレッション方式を採用したウェハーレベル封止装置「CPM1080」

## ◆新規事業の拡大

『世界のモールドプロセスをＴＯＷＡに‼』のスローガンの下、装置・金型を納入してから始まる従来とは異なる新しいビジネスモデルを構築した。すなわち既存サービスとは異なる「トータルソリューションサービス（ＴＳＳ）」事業であり、ＩｏＴ活用の遠隔監視システム「ＴＥＮ‐Ｓｙｓｔｅｍ」を組み合わせることにより装置の状態の確認や予防保全を行い、顧客の生産性向上に寄与している。

また、同社のモールディング装置は全世界で３０００台以上が稼動しており、装置のリニューアルの要望に応える体制もスタートした。

他にも複数の新規事業に取り組んでいる。その一つが、新しいセラミックスコーティング「バンセラ」である。半導体樹脂封止に用いられるエポキシ樹脂は離型抵抗が大きい。そ

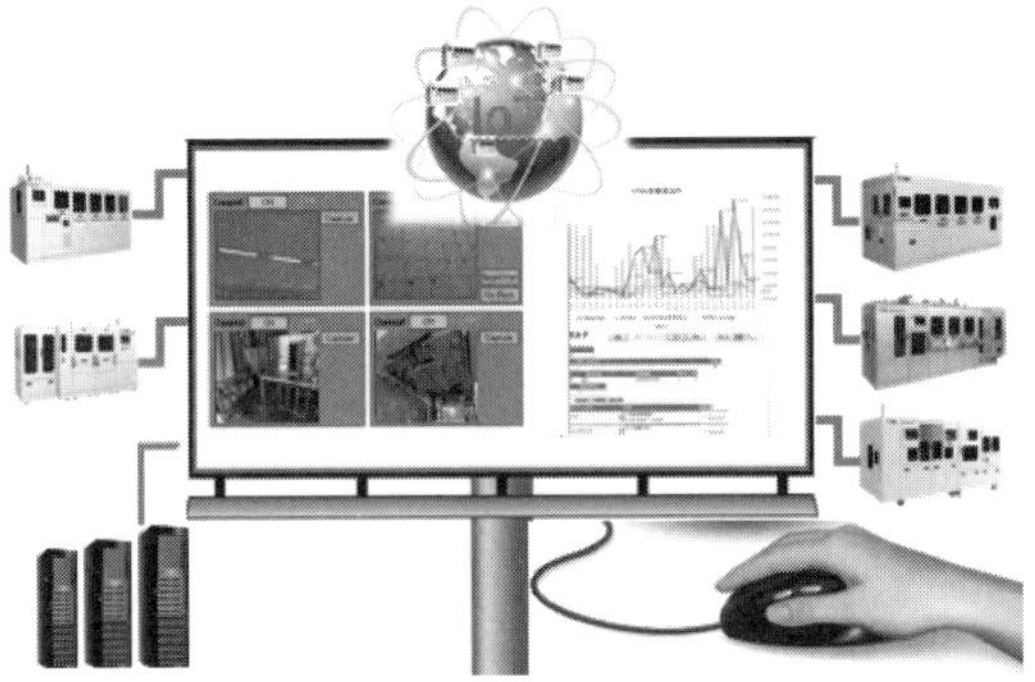

遠隔監視システム「TEN-System」を組み合わせたTSSで生産性向上に寄与

れゆえ、優れた離型性と防汚性を持ち、摩耗・摩擦にも強く耐久性があるバンセラが評価されている。また、半導体以外の用途として、薬の打錠機に薬剤が付着するのを防ぐなど、医薬品、食品分野で幅広い需要が見込める。

超精密金型技術を保有している同社は、自社で精密金型加工に用いるＣＢＮエンドミル工具の販売、微細加工技術「ナノテク」の提案を始めている。

## 社是・理念

産業社会が最も求める「技術開発」を根幹に、クォーター・リードに徹した「新製品・新商品」の創成に向けて、果敢なる挑戦のもと、全力を傾注して成果を生み出し、もって産業の発展に多大の貢献を果たす。

# 誘導発熱ロールと過熱蒸気発生装置が二本柱

## トクデン㈱

合成繊維の延伸やフィルムなどの貼り合わせ加工で使われる熱ロール「誘導発熱ジャケットロール」と、新製品の過熱蒸気発生装置「ユーティリティパワー・スーパースチーマー（ＵＰＳＳ）」を成長戦略の二本柱に据えている。どちらも変圧器技術を応用した。１９６４年に合成繊維用熱延伸ロールとして業界で初めて誘導発熱ロールを実用化。今や精密熱ロールの代名詞として圧倒的なシェアを誇り、リチウムイオン電池、炭素繊維、太陽電池、プリント基板、印刷用紙など採用は多岐にわたる。北野社長は「これからの数年で新しい

**会社概要**

本　社：京都市山科区西野離宮町 40
電話番号：075-581-2111
F A X：075-592-1944
主な事業所：マキノ工場、関東支店、オランダ、米国
設　立：1939 年 2 月
資 本 金：4000 万円
従 業 員：179 名
事　業：誘導発熱ジャケットロール、過熱蒸気発生装置、特殊変圧器
売 上 高：40 億 5000 万円（2016 年 6 月期）
ホームページ：http://www.tokuden.com/

代表取締役社長
北野 良夫 氏

展開が始まりそうだ」とさらなる成長を期待している。

誘導発熱ジャケットロールはプラスチックフィルムの貼り合わせなど二次加工において同社は独占的な地位を築いているが、狙うのはその上流にある成膜工程だ。「このケタ違いに大きい市場向けに受注が動き始めた」という。従来採用されていた流体循環方式に比べて、ＩＨ方式は温度制御性能に優れるため±０・５℃以内という高精度かつ均一な温度分布を実現する。省エネルギー性能や安全性が評価されたことや、普及のネックとなっていたイニシャルコストについて一体成型できるようロールの構造設計を見直すなど、同社が強みとする開発力や鉄心からの一貫生産に期待が高まっている。

同社は電力や産業設備の変圧器メーカーとして１９３９年に創業。国産初の環状成層鉄心、インボリュートコアの開発、立命館大学と切削油の使用量を減らすＭＱＬ方式の共同開発

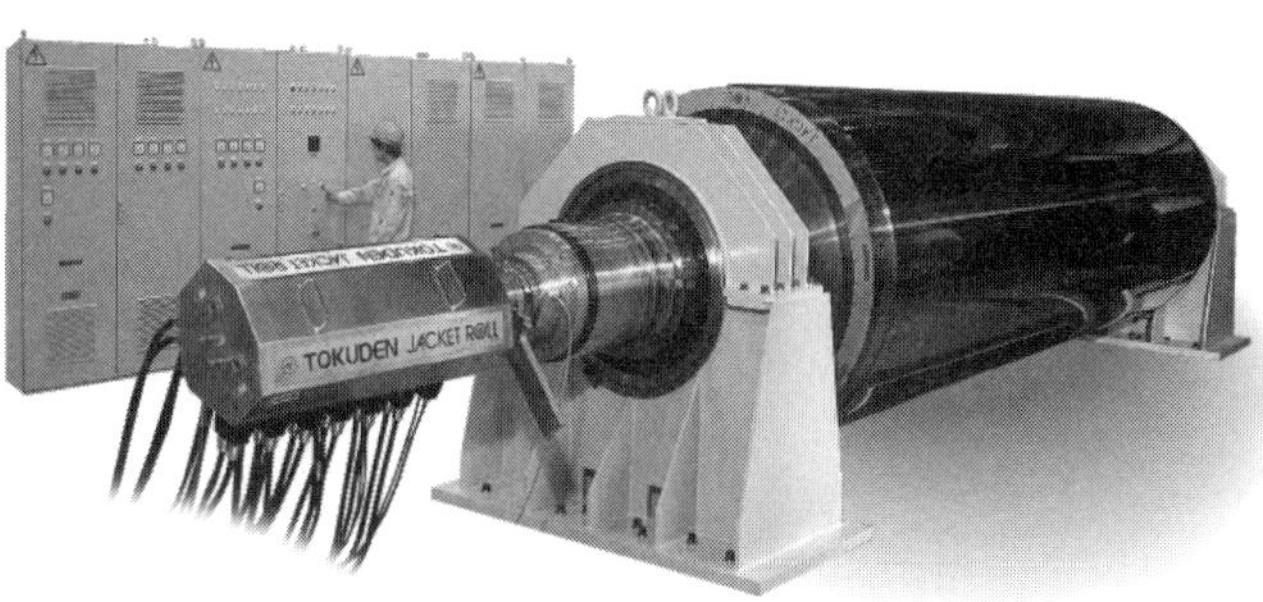

主力の誘導発熱ジャケットロール

期待が高まる新製品、
過熱蒸気発生装置 UPSS

など研究開発を積極化。インボリュートコアで科学技術庁長官賞のほか省エネ大賞を受賞するなど評価も高い。

◆UPSS普及に期待

新規事業として2011年にUPSSを立ち上げた。トランスの電磁誘導による発熱原理で、±1℃の高精度で最高700℃の過熱蒸気を生成できる。熱変換効率は95％と高く、石油などに比べて環境負荷は小さい。食品や医療器具の滅菌・殺菌、セラミックス脱脂・焼成、金属熱処理など用途は広い。15年には、1200℃の高温タイプを加えた。UPSSは技術開発に成果を上げ、「関西ものづくり新選2015」に選出されたほか京都産業の成長への顕著な功績が認められ、「平成28年度京都中小企業技術大賞」を受賞している。本社・京都工場のテストコーナーへは年間100社以上が訪れてい

本社・京都工場のリニューアル後のイメージパース

る。「普及に向けマーケティング活動を強化する」構えだという。

### ◆本社・京都工場リニューアル

生産体制の再構築も進む。2017年夏の稼働に向け、老朽化した本社・京都工場をリニューアルする。本社・京都工場は事業の基礎となる変圧器とUPSS、滋賀県高島市のマキノ工場はジャケットロールとUPSSと生産をすみ分け、効率化や短納期化を追求する。「成長に向けた体制がそろう」と意気込む。

**社是・理念**

創造の精神を常に尊びよりよい製品で社会に貢献しよう

# コンデンサーと環境関連製品で省エネ社会に貢献

## ニチコン㈱

コンデンサー事業と、家庭用蓄電システムなどのNECST（Nichicon Energy Control System Technology）事業の二つを柱とする。コンデンサー事業では自動車やパワーエレクトロニクス向けの需要が急拡大している。一方、NECST事業ではエネルギーの地産地消に貢献する蓄電システムや電気自動車（EV）関連の充電システムなどを中心に展開。スマート社会実現のためのインフラ構築でも業界をリードしている。

アルミ電解コンデンサーは、自動車や太陽光・風力発電、

**会社概要**

**本　　社**：京都市中京区烏丸通御池上る
**電話番号**：075-231-8461　**FAX**：075-256-4158
**主な事業所**：国内22拠点、海外20拠点
**設　　立**：1950年8月
**資 本 金**：142億8600万円（2016年3月31日現在）
**従 業 員**：4818名（2016年3月31日現在 連結）
**事　　業**：コンデンサーおよび家庭用蓄電システム、V2Hシステム、EV用急速充電器、公共・産業用蓄電システムなど
**売 上 高**：1098億1500万円（2016年3月期連結）
**ホームページ**：http://www.nichicon.co.jp/

代表取締役会長
武田 一平 氏

エアコン、パソコンなどあらゆる分野で採用。業界最小サイズから業界最高電圧までラインアップは幅広い。一方でフィルムコンデンサーはEV用のモーター駆動インバーター向けに、米国をはじめ海外市場で引き合いが急増している。また電力用としてビルや工場の受電設備にも活用され、電力損失の低減などに寄与している。

NECST事業では、太陽光発電のさらなる活用に貢献する家庭用蓄電システムを強化。その他にもEV用急速充電器や、EV搭載バッテリーの電力を家庭に供給するビークル・ツー・ホーム（V2H）システムなども大きな注目を集める。

### ◆産産学連携でEV市場やスマート社会実現を後押し

コンデンサー事業の技術的な強みの一つは、重要部材である電極箔を自社で一貫生産していることだ。材料から製品モ

幅広いラインアップで展開する主力のアルミ電解コンデンサーなど

電力の自給自足に貢献する
家庭用蓄電システム

ジュールまで、垂直統合型の開発体制を強化。今後はウェアラブル機器向けのコンデンサーなどの新規開発も進めている。

産産学連携も特徴的だ。三菱自動車工業の「ｉ－ＭｉＥＶ」や日産自動車の「ＬＥＡＦ」に車載用充電器を提供。自動車メーカーとの連携でＥＶ市場の成長を後押ししてきた。

立命館大学とは技術経営（ＭＯＴ）教育で連携し、「経営が分かる技術者」の育成を続ける。さらに東京大学生産技術研究所とは包括協定を締結。自社製品を活用したスマート社会構築のための研究開発を強化している。

### ◆エネルギーの安定供給と環境保護の両立を目指す「NECST」事業

１９５０年の創立以来、コンデンサーや電源製品で成長を続けた。２００４年に現在の本社ビル建設の際、太陽光発電

EV と家庭をつなぐ V2H システムで節電に大きく貢献

の電力を利用する「蓄電型太陽光発電システム」を国内で初めて開発・設置。蓄電システム開発の基礎となり、新市場創出につながった。こうした環境関連の技術を、10年に「NECSTプロジェクト」として再定義。エネルギーの安定供給と環境保護の両立を掲げ、家庭用蓄電システムやV2Hシステムなどを業界に先駆けて展開してきた。

武田会長は、「今は自分で全部できる時代ではない。力のある企業や大学と組み、どこよりも早く研究開発に取り組むことが大事」と連携強化の意義を語る。今後も「地球に優しい製品」を大切にしたアライアンス展開に期待がかかる。

## 社是・理念

より良い地球環境の実現に努め、価値ある製品を創造し、明るい未来社会づくりに貢献します。

# 電力技術をコアに未来の社会を創造

## 日新電機㈱

新中長期計画「ＶＩＳＩＯＮ２０２０」が２０１６年４月にスタートした。「２０２０年も電力関連機器で存在感を放っているだろう。変電所で使われる開閉装置など電力関連技術をコアに、『グローバル・エネルギー・環境・ソリューション企業』として成長を続けている」と小畑社長は見通している。最終年度の20年度は連結で売上高が１８００億円以上、ＲＯＡ、ＲＯＥともに10％以上を目標に、電力関連、海外新興国事業、ライフサイクルエンジニアリング、次世代半導体・フラットパネルディスプレイ（ＦＰＤ）、モビリティ、農業

**会社概要**

| | |
|---|---|
| 本　社 | 京都市右京区梅津高畝町 47 |
| 電話番号 | 075-861-3151 |
| F A X | 075-864-8312 |
| 主な事業所 | 本社、前橋製作所、中国、タイ、ベトナムなど |
| 設　立 | 創立 1917 年 4 月（創業 1910 年 11 月） |
| 資 本 金 | 102 億 5284 万円 |
| 従 業 員 | 4829 名 |
| 事　業 | 電力設備、太陽光発電用機器、ビーム真空応用機器など |
| 売 上 高 | 1136 億円（2016 年 3 月期） |
| ホームページ | http://nissin.jp/ |

代表取締役社長
小畑 英明 氏

など新分野を成長ドメインにさだめている。電力業界のパラダイムシフトや新興国の成長、電気自動車の普及など環境はダイナミックに動いているとし、積極的な新製品投入や研究開発投資などで成長力ある企業グループ実現のチャンスととらえる。

### ◆スマート電力供給システム「SPSS」でソリューション提供

受変電設備を中心にした電力事業は、国内トップシェアを維持する66／77kVガス絶縁開閉装置、電力用コンデンサなど評価は高い。今後は国内では老朽化による更新需要と送電網や変換所の増強需要が、海外では電力インフラ市場の拡大が期待できる。日新電機タイで実施する製缶や装置組み立てなどの受託事業は「日本の技術・品質とASEANコスト」が好評で、日新電機ベトナムを増強し、さらに受注拡大につな

コアである電力機器

新しいソリューションサービス「SPSS」

ぐ。イオン注入装置などビーム真空応用機器は次世代の半導体やＦＰＤのほか、自動車関連の薄膜コーティング、医療や食品の滅菌需要など市場を広く深く開拓する。

中でも期待するのがスマート電力供給システム「ＳＰＳＳ」だ。受変電設備と分散型電源をＩＣＴで結び、電力の安定供給とコスト低減、二酸化炭素の排出量削減を解決するソリューション事業として評価が高い。発電所や工場・オフィスビル用、水処理施設用、一般住宅や離島向けなどメニューの充実でニーズに応えている。

５年間の研究開発投資は前計画の２５０億円から３８０億円に引き上げる。多様なニーズ対応や高度化、容易なメンテナンス、小型化などを目指し、ロボットを使ったメンテナンスやビーム機器の食品滅菌など新分野参入を図る。また、社内研修の充実や電気系大学院生への奨学金制度など未来の人

本社外観、2017年に創立100周年を迎える

材投資も惜しまない。

### ◆100年続くベンチャー魂を武器に

同社は17年4月に創立100年を迎える。創業者の富澤信氏は、電気が使われ始めた時代に電気計器の国産化を志して創業。中国やアメリカなど国内外グループ企業25社、本社や前橋など国内生産5拠点を擁する現在の礎を築いた。世の変化を敏感にとらえることで成功した。

富澤氏のベンチャー魂は同社のすみずみに浸透し、成長を後押しする最大の武器になると確信している。

**社是・理念**

企業理念
社会と産業の基盤をつくる企業活動を通じて、人と環境にやさしい社会の実現に貢献する

# 印刷技術を核に事業をグローバルに多角化

## 日本写真印刷㈱

一般的な印刷業として創業したが、現在は電子デバイス向けタッチセンサーやプラスチックへの加飾成形など多彩な事業を手がける。ここ10年は海外企業の買収も活用し、事業領域をさらに広げている。

現在の主力はタブレット端末やスマートフォン向けタッチセンサーを手がけるディバイス事業。印刷技術の応用により、透明で高精細な導電パターンをフィルムに形成する技術を持つ。特に静電容量方式タッチセンサーは、フォトリソグラフィー工法によって額縁部の電子回路の線幅・線間を狭くし、

**会社概要**

| | |
|---|---|
| 本　社 | 京都市中京区壬生花井町 3 |
| 電話番号 | 075-811-8111（大代表） |
| F A X | 075-801-8250 |
| 主な事業所 | 国内 16 カ所、海外 41 カ所 |
| 設　立 | 1946 年 12 月（創業 1929 年 10 月） |
| 資 本 金 | 56 億 8479 万円 |
| 従 業 員 | 809 名（連結 5087 名）※ 2016 年 12 月末現在 |
| 事　業 | 産業資材事業・ディバイス事業・ライフイノベーション事業・情報コミュニケーション事業 |
| 売 上 高 | 1192 億 2200 万円（2015 年度連結） |
| ホームページ | http://www.nissha.com/ |

代表取締役社長
兼 最高経営責任者
鈴木 順也 氏

デバイスのディスプレイ画面の拡大を可能にした。

また産業資材事業では、プラスチックや金属などの表面にデザインや機能を付加する加飾フィルムを展開。自動車の内装、家電製品、化粧品容器などさまざまな分野で採用されている。これを実現するのが独自開発の成形同時加飾技術（IMD）。作業工程を短縮できる他、複雑な形状の製品にも対応できるのが特徴だ。

### ◆「紙への依存」の危機感から事業多角化へ

活字印刷が主流だった1929年、他社が手がけない高級美術印刷を志向し創業した。高度経済成長期に入ると印刷業界では「紙への印刷」に依存した展開に危機感が高まり、各社は事業の多角化を模索。そんな中、初の国産木目転写箔「ニッシャパトラン」を開発し話題を呼ぶ。プラスチック製

京都本社の外観

スマートフォンのタッチセンサーに印刷技術を応用

品の普及が進んだ80年代には、ＩＭＤの開発で家電向け製品などへ展開を強化し独自路線を歩んだ。

90年代の後半以降、産業資材事業もディバイス事業もＩＴ分野に参入。グローバルに顧客基盤が拡大して大きく成長した。ただし、同分野は事業環境の浮き沈みが激しい。持続的かつ安定的に収益を確保できる事業基盤の確立が必要となった。

### ◆事業領域の拡大と新たな技術の取り込み

こうした経緯で２０１０年代に入り、特に加速しているのが海外企業の買収だ。従来の米国に加え、メキシコやドイツのプラスチック成形メーカーを新たに買収し、自動車内装部品向け加飾成形品の事業展開を強化。また、金属層を付与した蒸着紙を高級ラベルやパッケージ向けに展開するベルギーやブラジル企業の買収で、飲食料品や日用品という安定市場

買収したベルギーの蒸着紙メーカー・ARメタライジンググループでの生産の様子

を獲得した。さらに、米国の医療機器メーカーの買収で、医療・ヘルスケアという新分野にも進出した。

こうした展開は、社名と事業が乖離していると、一般の目には映るかもしれない。だが鈴木社長は、「タッチセンサーに使用するフォトリソグラフィー工法は日本語に置き換えると『写真印刷』。当社は紙以外にも領域を広げて事業を定義しただけだ」と、核心を突いて説明する。新たなコア技術を取り込んでグローバルベースで対象市場を拡大し、印刷会社として特異な進化を目指す。

## 社是・理念

印刷を基盤に培った固有技術を核とする事業活動を通して、
広く社会との相互信頼に基づいた《共生》を目指す。

# 検査で最先端電子機器を支える

## ㈱ニューリー・土山

家電やパソコンなど電子機器で使用される基板の実装不良検査・機能検査で、検査機器や治具、試作から修理まであらゆる視点でのトータルソリューションを提供。日本が世界に誇る電子機器の高品質や高機能を支えている。高い操作性や精度を実現した検査機や治具は、タブレット端末やスマートフォンなど最先端の情報通信機器の検査作業を効率化、ニーズをとらえた独創的なモノづくりに顧客の評価は高い。

野口社長は「モノづくりがある限り、検査はなくならない。が、甘んじることなく、顧客ニーズに的確な製品へと進化さ

**会社概要**

**本　　社**：滋賀県甲賀市土山町北土山 979-1
**電話番号**：0748-66-1681
**F　A　X**：0748-66-0915
**主な事業所**：本社、新潟、川崎、香港、中国・深圳
**設　　立**：1990 年 7 月
**資 本 金**：3000 万円
**従 業 員**：43 名
**事　　業**：実装電子基板向け検査装置、治具、付随機器
**売 上 高**：10 億円（2016 年 9 月期）
**ホームページ**：http://www.newly-t.com/

**代表取締役社長**
野口 光裕 氏

せ、さらなる事業拡大を目指す」と競争力の源泉とする開発力をてこに成長戦略を描く。「深化」をテーマに、開発強化、微細化対応、効率化・自動化対応をキーワードにしたモノづくりを推進し、コンスタントに成長を続ける経営基盤を築く方針だ。

### ◆世界が認めた高品質

同社の歴史は開発と事業拡大の連続だ。地元雇用への貢献も考え、1990年に出身地である甲賀市で創業。92年にはテスター用治具で米ヒューレット・パッカード社（当時）からチャネルパートナー認定を受け、頭角をあらわした。さらにチェックサム社、コアリス社と相次いで販売・技術サポートを契約、世界から高品質のモノづくりが認められた。

一方、神奈川県に東日本サポートセンター（現・関東事業

主力の実装電子基板向け検査装置

業界最小の 0.2mm ピッチのコネクターアダプターの開発に成功

所）、新潟県に開発センター（現・新潟事業所）、香港に情報収集子会社の新想科技、中国・深圳に販売子会社の日新貿易を設立。国内外で拠点整備を進め、今につながる経営基盤を固めている。

## ◆評価される開発力、狭ピッチ治具など

製品も矢継ぎ早に投入してきた。２００２年のファンクションテストシステム、05年には電気的検査と画像検査を統合し、半日要していた手動検査を自動化して検査が10分で済む「ｎ＝１チェッカー」の初品検査対応を投入。次いで少量多品種検査対応を、17年には新機種を展開する。また、16年に発表した微細電極検査装置「ＩＰＢ０シリーズ」は広く注目を集めている。

さらに「深化」を進めている。基板への荷重ストレスをシ

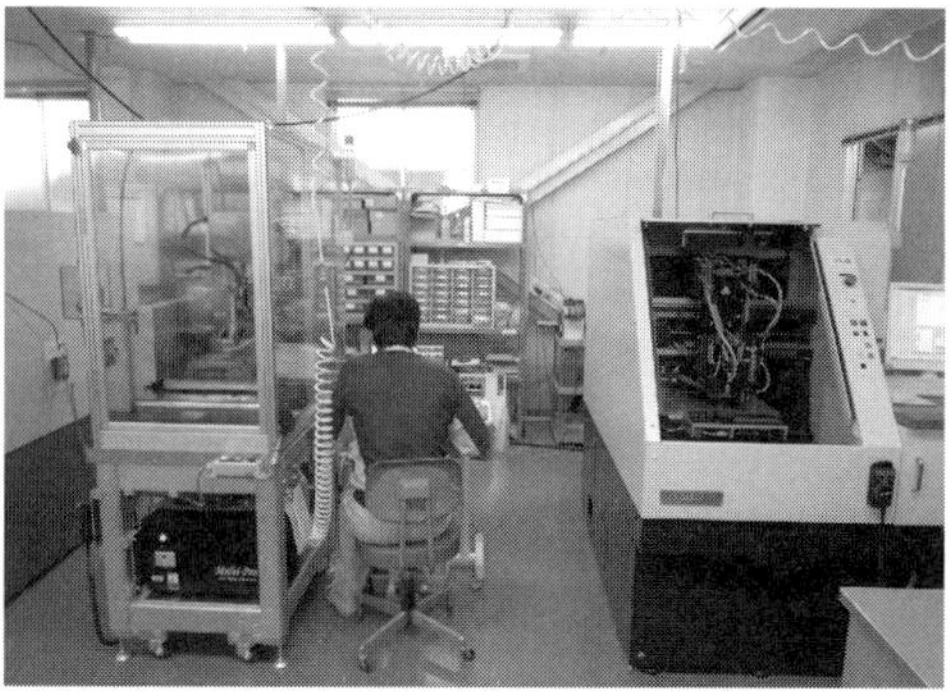

導入した微細加工機の開発投資は惜しまない

ミュレーションして安全に提供するシステムを開発するなど、モノづくりの周辺まで広げた提案で顧客の信頼を深めている。

また、微細加工装置の導入など積極投資を実行。基板検査に必要な治具（アダプター）で、16年に業界最小の0・2㎜ピッチのコネクターに接続できるアダプター開発を実現した。ウエアラブル向けなどで高い開発力を実証し、さまざまな商談の呼び水となっている。

毎年1アイテム以上にも及ぶ新規開発と、すぐに客先に駆けつける行動力を最大限に発揮することで、さらなる高みを目指し挑戦を続ける。

## 社是・理念

企業理念

ニューリー・土山はエレクトロニクス事業を中心に新しい価値を創造、安定、進化させる事を通じて社会に役立ちつづけます。

# スイッチで存在感 重電や鉄道車両で成長

## 不二電機工業㈱

制御用開閉器や接続機器、表示灯・表示器、電子応用機器などの制御機器メーカー。接触信頼性や耐久性など高度な技術を有し、発変電所など重電機器市場や鉄道車両市場、工作機械市場で広く存在感を放つ。発電・変電・配電施設向けで国内トップシェアのカムスイッチをはじめ、端子台やリレーなど充実した製品群で顧客ニーズにきめ細かな対応を行い、主力の重電機器市場を深耕している。今後は東北や首都圏での送電・変電網の増強や設備更新などの需要が見込まれ、着実に受注につなげていく。近年は鉄道車両市場に注力してお

### 会社概要

本　　社：京都市中京区御池通富小路西入る東八幡町585
電話番号：075-221-7978
F A X：075-251-0425
主な事業所：草津製作所、新旭工場、みなみ草津工場、東京営業所
設　　立：1958年5月（創業1953年2月）
資 本 金：10億8725万円
従 業 員：314名
事　　業：制御用開閉器、接続機器、表示灯・表示器、電子応用機器
売 上 高：40億円（2016年1月期）
利　　益：6億3000万円（2016年1月期）
ホームページ：http://www.fujidk.co.jp/

代表取締役社長
小西　正 氏

り、国内では鉄道車両メーカー向け、海外では米国、インド、中国やクウェートなど鉄道車両用各種スイッチや標識灯の需要に期待する。「鉄道車両へは1992年にスイッチを納入して以来、一度も接触不良がなく、高い信頼性が評価されている」と小西社長は品質への自信をのぞかせている。

## ◆「Vision 100」、100億円企業目指す

製品力や組織力の強化充実と平行し、生産や物流への積極的な設備投資を通じて拡大成長を加速している。「スイッチなどの制御機器は電気が必要なところで必ず使われ、無限の市場が広がっている。制御機器メーカーとして確固たる地位をより強固にする」と拡大戦略を練っている。それが長期経営計画「Vision 100」だ。2023年1月期には現在の約2倍となる売上高100億円を目指している。

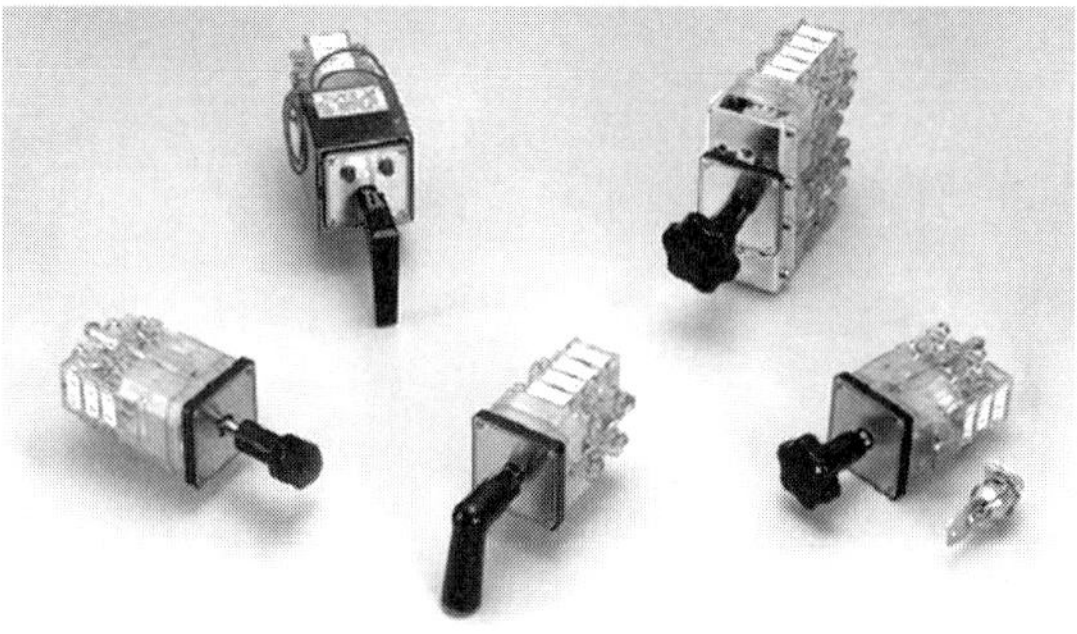

B、BH形　カムスイッチで国内トップシェア

STH形　期待の新製品、無接点開閉のセミコンスイッチ

新製品の開発も積極的で、半導体により回路を制御する「セミコンスイッチ」、アルミ合金を導体にした「アルミ端子台」、色覚障害者が視認できる「カラーバリアフリーLED」、可視光通信機器などを相次ぎ投入。鉄道や都市インフラなど国内外で広く需要を開拓している。

## ◆商事部・生産技術部新設、みなみ草津工場増築

将来に向けた組織体制を強化している。15年に商事部、16年に生産技術部を新設し、将来的に独立・子会社化も視野に入れている。商事部は海外営業の強化や他社製品を積極的に扱う商社として、生産技術部は社内外で生産ラインなど設備ビジネスを担うエンジニアリング会社として設立を目指している。商事部は太陽光発電向け接続ボックスを扱うなど順調に立ち上がっている。

みなみ草津工場の
リニューアルパース

物流体制の再構築にも着手した。滋賀県草津市のみなみ草津工場を増築して、草津製作所、新旭工場の滋賀県内3拠点に分散していた物流機能を17年5月にみなみ草津工場へ集約する。在庫管理と発送作業の一元化でコストを低減すると同時に、クリーンルームを含む生産フロアを増床して生産能力を4割引き上げる計画で、スイッチやリレーの需要拡大に備えている。

世界にはカムスイッチの広大な市場があり、カムスイッチで世界トップシェアを目指すために工場リニューアルなど積極投資を継続する予定である。

## 社訓・理念

[経営の三原則]

一、従業員の生活の安定　一、得意先への奉仕　一、地域社会への奉仕

[社訓]

一、誠意と熱意を持て　一、研究と努力に勤め　一、健康と融和を保て

未来にきらめく京都・滋賀 個性派企業70社

# 第3章

# 医療・化学

# 微細な「孔（あな）」で医薬精製

## ㈱エマオス京都

エマオス京都は微細な「孔」がつながった高分子多孔体を手がける京都大学・京都工芸繊維大学発ベンチャーだ。「モノリス（共連続体）」というすべての空間や骨格材料が連続してつながった貫通孔の構造で、アクリルやエポキシ、シリカなど多様な有機・無機系物を重合して作製するため「ポリマーモノリス」と呼ばれる。化学品や医薬品開発など広く用いられる高速液体クロマトグラフィー（ＨＰＬＣ）カラムの充填剤として利用すれば、粒子を使う従来方式に比べ、「分離精度の向上やポンプにかかる負担軽減ができる。さまざま

**会社概要**

| | |
|---|---|
| 本　　社 | 京都市右京区西院西田町 26 |
| 電話番号 | 075-323-6113 |
| F　A　X | 075-323-6115 |
| 主な事業所 | 京都大学宇治先端イノベーション拠点施設 |
| 設　　立 | 2004 年 3 月 |
| 資 本 金 | 2000 万円 |
| 従 業 員 | 4 名 |
| 事　　業 | 高分子多孔体の研究と分離媒体・触媒担体などへの応用展開 |
| 売 上 高 | 5000 万円（2016 年 12 月期） |
| ホームページ | http://www.emaus-kyoto.com/ |

代表取締役
石塚 紀生 氏

な産業での分離や合成のための担体として欠かせない素材となる」と石塚社長は期待する。分離精製材料の受託開発事業や、フロー有機合成に使う触媒担体「モノリアクター」など製品事業で成長戦略を練っている。

### ◆つながる「孔」、モノリス

特徴のひとつが一体でできる加工性だ。溶液から作製するため、円柱やシートなどさまざまな形状に対応でき、内径が数十μmという微小なキャピラリの中にも均一に作製できる。孔や骨格のサイズも0・1μ～数十μmの範囲でコントロールできる。また材料もエポキシ系は親水、スチレン系は疎水という具合に「顧客の要望にあった多様な開発ができる」という特徴を併せ持つ。医薬、化学、エレクトロニクスなどで広く支持されている。

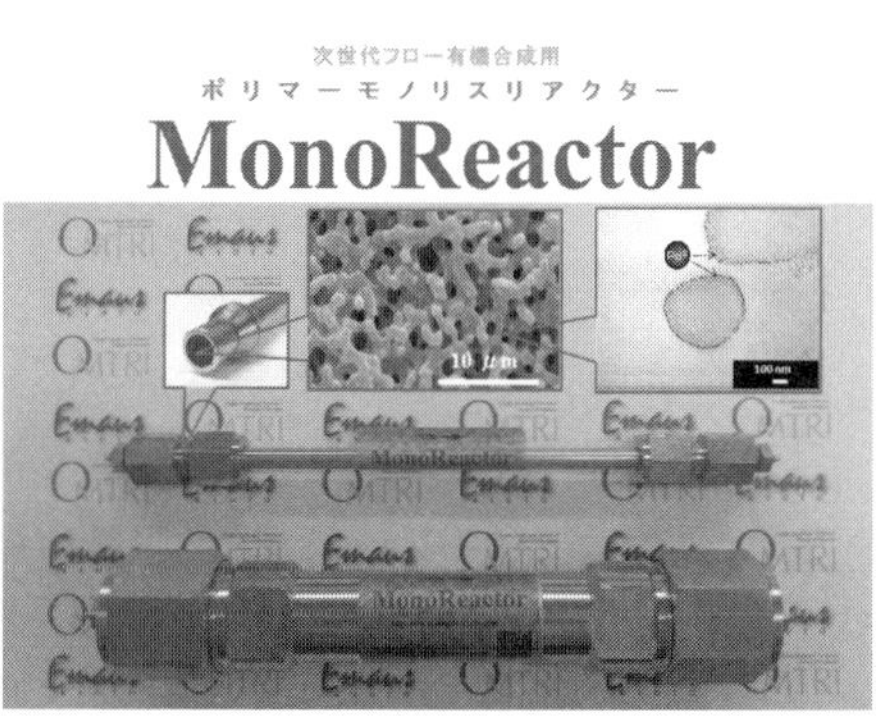


ポリマーモノリスリアクター。フロー有機合成に威力

京都大学に設置した研究所

今、期待する市場は抗体医薬産業、効能が高く副作用が少ないため期待は大きい。2020年に世界市場は10兆円と試算する調査もある。「ゴールドラッシュのようなもの。金を掘るスコップを作るように、医薬品を精製するためのモノリスを作る」とたとえている。展示会や学会などでは「精製時間は従来の5分の1に短縮という高速精製に関心が高い」という。実際に国内外の製薬や化学の大手企業から、大いに関心を持たれており、一部共同研究も始められている。

### ◆貫通型多孔粒子が量産に威力

製品事業は大学など研究室向けが中心だ。「モノリアクター」は鈴木カップリング反応で2分と合成速度が速く、収率が高い。長さが15㎝で内径が4・6㎜、20㎜の2タイプを用意している。量産用にさまざまなサイズを提供する計画で、

新型の貫通型多孔粒子

ポイントとなるのが新たに取り組む粒子でモノリス構造を実現した「貫通型多孔粒子」だ。従来の粒子に比べて大きな孔が連通しているため、分離性能が高く量産に向く。行き止まりの多い比較的小さな孔を持つ従来の多孔粒子の短所を解消。量産用にモノリスの特徴を持つこの貫通型多孔粒子が適用できる。また精製装置の大型化に応じて充填、量産対応のリアクターやカラムが作製できる。

このような特徴が認められ、16年には液体クロマトグラフィーの国際学会で受賞。これからの普及に弾みがつくと意気込んでいる。

## 社是・理念

私たちは、ものづくりを通じてサービス精神と決してあきらめないチャレンジ精神で科学技術と産業の発展に貢献します。

# 独自の化学技術で社会に貢献

## 互応化学工業㈱

互応化学工業は、「独自技術で社会に貢献する」を掲げる研究開発型メーカーだ。１９５３年の設立後は繊維織機での繊維と繊維の摩擦を減らし、糸が切れるのを防ぐ機能を持つ油剤・糊剤が主力だった。現在では化粧品、電子材料、紙や金属などさまざまな分野にかかわっている。化粧品業界ではシャンプー、コンディショナー用添加剤などを開発販売している。電子材料分野では、アミューズメント・ＬＥＤ照明基板用材料、スマートフォン・自動車部品用材料、タッチパネル用材料がある。

**会社概要**

| | |
|---|---|
| 本　　社 | 京都府宇治市伊勢田町井尻 58 番地 |
| 電話番号 | 0774-46-7777 |
| F A X | 0774-43-3552 |
| 主な事業所 | 本社工場（京都府）、福井、滋賀、石川、東京 |
| 設　　立 | 1953 年 11 月 16 日 |
| 資 本 金 | 8 億 4200 万円 |
| 従 業 員 | 254 名 |
| 事　　業 | 特種化学工業品の製造・販売 |
| 売 上 高 | 74 億 4800 万円（連結） |
| ホームページ | http://www.goo-chem.co.jp/ |

取締役社長
藤村 春輝 氏

## ◆限られた市場で大きなシェア

今後、用途展開が期待できる商品は水溶性ポリエステル樹脂「プラスコート」だ。藤村社長は「水溶性ポリエステル樹脂は将来的に、需要が見込めると予測し開発した」という。プラスコートは各種基材への密着性に優れている。

例えば、ＰＥＴフィルム表面に塗布し、アルミニウムとの密着性を高めることで食品類の保存性などが向上する。ポリプロピレンフィルム（ＰＰ）は低価格で幅広く使われているが、そのままでは印刷しにくいという課題がある。そこで、プラスコートを用いてＰＰフィルム表面に親水性ポリマーを数μmコーティングすることで、インクの印刷性や密着性を高められる。

水溶性ポリエステルを、大手以外で生産しているのは珍しいという。福井工場（福井県坂井市）内には水溶性ポリエス

研究所が併設する本社工場

水溶性ポリエステルの増産の準備を進める福井工場

テルを増産するため、新しく建物を造り、反応釜も新設する。2017年度中には稼働する。これにより生産量は1・3倍になる。建物に6億円、反応釜に3億円を投じる。

電子材料分野ではLED基板に用いる白色レジストインクを開発している。基板の保護だけでなく、光を反射する機能を持たせている。レジストとスクリーン印刷用の感光乳剤を組み合わせた。スクリーン印刷で高精細にできれば、現在、主流の写真法からの切り替えが見込める。

## ◆非連続な新技術開発へ

2015年度からは五カ年の中期経営計画に取り組んでいる。数値目標としては、売上高80億円、営業利益率は10%以上が目標だ。

今後、会社を成長させるためには、現状の強み、特徴をさ

電子産業用などさまざまな工業用樹脂を生み出す実験室

らに伸ばす方法だけではなく、10年、20年先に世の中で求められるモノを予測し、将来から逆算して研究開発を進めることも必要になる。

こうした先をにらんだ研究開発を進めるため、新たな研究部署を数年内には立ち上げる考えだ。人員はマネジャークラス、30歳代、新入社員などを考えている。藤村社長は「従来の延長線上にない、非連続な新技術の研究を対象にする」という。

**社是・理念**

社員一人ひとりが、互いに応じ成長し合うという互応の精神に基づき、同志的結合を以て、創る技術と使う技術を駆使し、独自技術で社会に貢献する。

# パフォーマンス・ケミカルスで暮らしと産業に貢献

## 三洋化成工業㈱

「〝はたらき〟を化学する」を掲げる三洋化成工業は、組成でなく機能や性能が問われるパフォーマンス・ケミカルス（機能化学品）の専業メーカーだ。事業領域は生活・健康産業関連、石油・輸送機産業関連、プラスチック・繊維産業関連、情報・電気電子産業関連、環境・住設産業関連など幅広く、3000近い製品群を作り分けて供給する。市場規模が大きい高吸水性樹脂（SAP）や潤滑油添加剤などの基盤事業と、グローバルにニッチ市場で活躍する高付加価値製品群の両輪で成長を牽引している。さらに市場の成長が期待される分野

**会社概要**

**本　　社**：京都市東山区一橋野本町11-1
**電話番号**：075-541-4311　**FAX**：075-551-2557
**主な事業所**：営業所：東京、大阪他／研究所：本社、桂／工場：名古屋、衣浦、鹿島、京都
**設　　立**：1949年11月1日
**資 本 金**：130億5100万円
**従 業 員**：1992名（2016年3月31日現在）
**事　　業**：界面活性剤、ウレタン関連製品、高吸水性樹脂、高分子薬剤など機能化学品
**売 上 高**：1579億9200万円（2016年3月期）
**ホームページ**：https://www.sanyo-chemical.co.jp/

**代表取締役社長**
安藤 孝夫 氏

として、バイオ・メディカル分野や、２０１６年10月にエネルギー事業推進プロジェクトを立ち上げたエネルギー・エレクトロニクス分野での新規事業の創生にも取り組んでいる。

### ◆SAPの海外展開が軌道に

ＳＡＰは紙オムツの尿を吸収する素材として知られる。紙オムツは新興国では乳幼児用、先進国では高齢者用の需要が伸びている。このため「ＳＡＰは世界的には年間６％の成長率」（安藤社長）とされ、今後も伸びが期待できる。同社の基盤事業の一つであるＳＡＰの年間生産能力は日本で13万トン、中国で23万トン。16年5月にはマレーシア工場を着工し、18年夏頃の完成予定だ。当初の生産能力は年産８万トンを計画しており、また、米国での生産も検討している。

15年秋には潤滑油添加剤事業本部を設置し、事業本部長の

研究所も備える京都の本社棟

紙オムツなど衛生材料
用途で需要が拡大するSAP

もと営業と研究、生産、さらには海外を含む直轄体制により意思決定を早め、競争力を高めている。自動車のギア油やエンジン油に添加される粘度指数向上剤「アクルーブ」は国内では鹿島工場と京都工場に加え、近年は米国のピッツバーグ、中国の南通でも生産拠点を増設している。またウレタンビーズは自動車内装表皮材に使用されており、材料費低減と軽量化に役立つ薄膜タイプが日本や海外の自動車メーカーでの採用を広げている。一方、バイオ・メディカル分野では止血シーラントや磁気ビーズを用いて高速測定を実現した検査試薬など特徴ある製品を持っている。今後は点から面での事業展開によるシナジー効果を期し、事業本部の設立を検討している。

## ◆人材の登用とグローバル化

同社では、15－18年度の第9次中期経営計画を進めており、

薄膜化による軽量化が
可能な自動車内装表皮材用
ウレタンビーズ

グローバル化とイノベーションをキーワードに18年度までに連結売上高2300億円以上、連結営業利益200億円以上を目指している。既に連結海外売上高比率は40%を超えるまでになった。需要地での生産や為替の変動に対応するためSAPや潤滑油添加剤などの海外生産も行っている。今後は、海外の現地採用スタッフの登用を進める。各人の働き次第で経営に参画できることを示すのは、従業員の士気向上にも役立つ。安藤社長は「将来的には現地といわず、本体の経営にもかかわってほしい」と活躍に期待を寄せる。

## 社是・理念

企業を通じてよりよい社会を建設しよう

# 世界の歯科医療の発展に多面的に貢献

## ㈱松風

松風は高い研究開発力をベースに、人工歯から研削材、化工品などの歯科材料、機器全般へと事業領域を拡大してきた。日本初や世界初の製品を生み出してきており、〝技術の松風〟として歯科業界における評価は高い。日本国内は総人口の減少やう蝕（虫歯）治療の減少もあり大きな成長が見込みにくいことから今後、先進国や成長市場でもある新興国の中間層・ボリュームゾーンをターゲットにした海外展開を積極的に進める考えだ。根來社長は「『創造的な企業活動を通じて世界の歯科医療に貢献する』という経営理念からすると海外展開

### 会社概要

本　　社：京都市東山区福稲上高松町 11
電話番号：075-561-1112
F　A　X：075-561-1747
主な事業所：東京支社、大阪営業所ほか
設　　立：1922 年 5 月
資 本 金：44 億 7464 万円
従 業 員：437 名
事　　業：歯科材料および歯科用機器の製造・販売
売 上 高：229 億 7500 万円（2016 年 3 月期）
ホームページ：http://www.shofu.co.jp/

代表取締役社長
社長執行役員
根來 紀行 氏

は当然」という。創立100周年を迎える2022年3月期には、連結売上高500億円、連結営業利益75億円（営業利益率15％）を目標としている。

### ◆海外展開を加速、中国市場への対応も強化

海外市場の開拓を着実に進めている。2015年には、欧州市場での事業拡大を図るため、ドイツの人工歯メーカーであるメルツ・デンタル社を子会社化した。歯科材料の販売には各国の医療機器規制に対応する必要があり、申請から承認まで何年もかかることもある。中南米市場での承認手続きをスムーズにするために、14年のメキシコでの販売子会社設立を皮切りに、17年にはブラジルに販売子会社を設立した。その他、販売網の整備に向けて世界各国での販売体制を見直すとともに、効率的に販売網を獲得するため、現地企業の買収

歯科業界トップ水準の
研究所などがある本社・工場

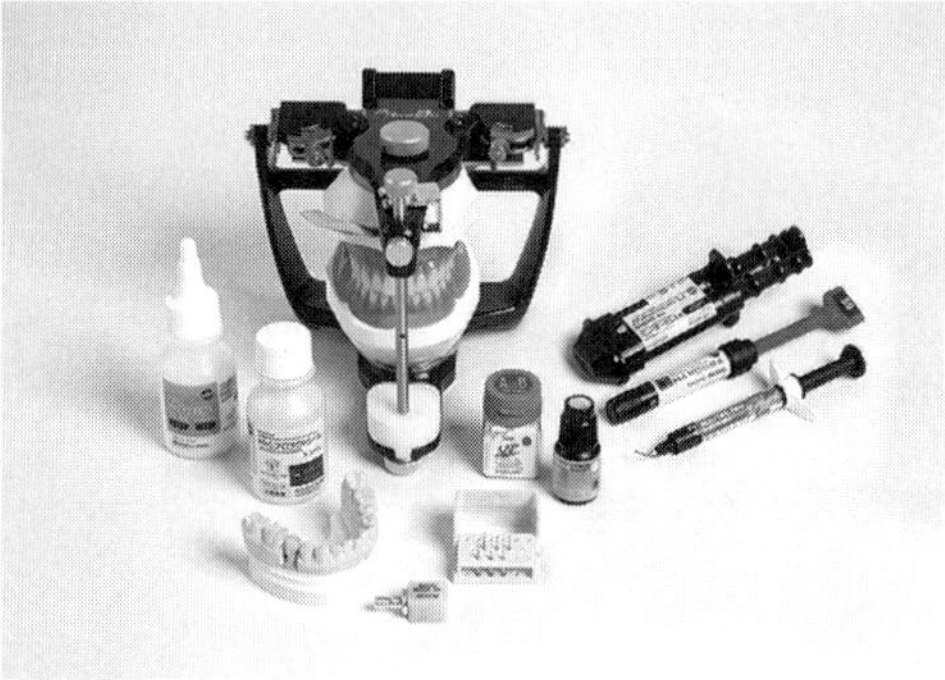

松風が扱う歯科材料や
歯科用機器の製品群

も選択肢の一つとして検討している。

中国市場では、所得水準の向上とともに中間層が拡大しており、レベルの高い歯科医療を求める人々が増えつつある。また、欧州から歯科技工物の受注依頼が増加するなど、品質の高い歯科材料の需要は高まっている。拡大する中国市場に対応するため、差し歯の製作に用いる金属焼付用陶材の製造工場を本社敷地内に増設する。建物、設備を合わせた総投資額は約2億円。17年3月には建物が完成し、その後、設備を順次導入する。フル稼働は18年8月の予定。生産量は現在の1.5tから3.6tに高まる。

## ◆高品質の人工歯で海外でも評価

アジア人と欧米人では、骨格などの違いから、求められる人工歯のサイズが異なる。同社では、アジア市場には日本人

日々の研究開発が
高い技術力を支えている

向けに開発してきた人工歯を、欧米市場にはメルツ・デンタル社が取り扱っている人工歯を供給できる。同社の代表的な人工歯には、硬質レジン歯「エンデュラ」「ベラシアＳＡ」があり、クオリティも高い。国内はもとより、中国市場でも高い評価を得ている。

近年では、疾病治療のための歯科材料・機器の開発にとどまらず、予防・診断関連器材などにも注力しており、世界の歯科医療への貢献に尽力している。

## 社是・理念

創造的な企業活動を通じて世界の歯科医療に貢献する

# 多様な工業用薬剤の提供で産業界に広く貢献

## 第一工業製薬㈱

1909年の創業以来、高機能界面活性剤などを手がける化学メーカー。ゴム・プラスチック、色材やエネルギー向けなどの界面活性剤事業、食品や医薬・香粧品向けなどのアメニティ材料事業、電気絶縁材料や止水材などのウレタン材料事業、難燃剤や光硬化樹脂などの機能材料事業、導電性ペーストやセラミックス材料などの電子デバイス材料事業の五つの事業を展開している。2015年4月からは五カ年経営計画「REACT1000」をスタートさせた。ユニークな価値創造でトップを目指すという意の〝ユニ・トップ〟を掲げ

**会社概要**

**本　　社**：京都市南区吉祥院大河原町 5
**電話番号**：075-323-5911
**F　A　X**：075-326-7356
**主な事業所**：四日市、大潟、滋賀など
**設　　立**：1918 年 8 月（創業 1909 年 4 月）
**資 本 金**：88 億 9500 万円
**従 業 員**：495 名（連結 982 名）
**事　　業**：界面活性剤をはじめとする各種工業用薬剤の製造・販売
**利　　益**：34 億 3900 万円（営業利益）、32 億円（経常利益）
**ホームページ**：http://www.dks-web.co.jp/

**代表取締役会長兼社長**
坂本 隆司 氏

ており、20年3月期の目標として売上高750億円、営業利益率8・0%、純利益36億円を目指す。

**◆特徴ある製品と期待の新素材**

1990年代に製品化した反応性界面活性剤「アクアロン」シリーズは、水系塗料や粘着剤などの製造に必須の界面活性剤。ポリマー粒子の表面に化学結合で固定化する特徴を持つ。親水性と疎水性のバランスを最適化することにより水系塗料や粘着剤の長期保存安定性、耐水性と粘着性の向上などを実現した。年々改良を進めており、2016年には新たに低発泡性と分散性、共有結合性を高めた「アクアロンAR」を発売している。

また、セルロースナノファイバー「レオクリスタ」は同社にとって久しぶりの新素材であり、ゲルインクボールペンの

京都市南区にある
本社・研究所

「アクアロン」「レオクリスタ」などを出展し、多数の来場者があった第5回高機能プラスチック展

インクに増粘剤として採用されている。新たな用途として化粧品や塗料、電池材料などへの実用化を進めており、16年4月にはレオクリスタ事業部を新設した。坂本会長兼社長は「次の投資に入る5年ぐらいで、一つの事業になることを期待している。まずは全売上高の5％程度になるめどを付けたい」と新素材の育成に力を入れる。

## ◆さらなる成長に向け繰り返し実行

15年7月には四日市事業所（三重県四日市市）に霞工場を新設した。REACT1000の達成に向け新たな価値を創造する拠点に位置付ける。新製品の試作や実証、研究開発機能などを充実させ、研修施設も合わせた複合基地にする。同年12月からトンネル工事用の岩盤固結剤や電子材料などの生産を開始している。また、16年11月には電子材料製造用の特

2015年7月に新設した四日市事業所の霞工場

殊界面活性剤の製造設備の設置に着手。12月にはリチウムイオン電池の研究開発・少量生産や評価業務を受託する関係会社エレクセルを移転し、営業を開始した。研究開発、製造設備を拡充し、リチウムイオン電池の素材・材料開発をより推し進め、幅広いニーズに応える。

坂本会長兼社長は「利益が伸びても、成長性を示す売上高が伸びていなければ満足できない」と、成長性を重視する。REACTには繰り返し実行するという意を込めており、その実行の先には売上高1000億円、総資産1000億円の挑戦へとつながっていく。

## 社是・理念

[社是] 産業を通じて、国家・社会に貢献する

[社訓] 品質第一、原価逓減、研究努力

# 試薬を通じて研究開発に貢献

## ナカライテスク㈱

ナカライテスクは、研究開発用の薬品を手がける試薬メーカー。ライフサイエンスやバイオ系に強みがあるほか環境、エネルギー、電子分野などに対応する。研究に必要なモノはそろえる商社機能も併せ持ち、大学や企業研究所などの研究開発のニーズに応える。１９５８年に半井萬紹商店から試薬部を分離し半井化学薬品となったのが試薬メーカーとしての始まりで、１９８８年には現在のナカライテスクへと社名を変更している。２０１８年には設立60周年を迎える。

**会社概要**

| | |
|---|---|
| 本　　社 | 京都市中京区二条通烏丸西入東玉屋町 498 番地 |
| 電話番号 | 075-211-2516 |
| F A X | 075-231-2455 |
| 主な事業所 | 京都工場・研究所、伏見桂川事業所など全国 15 か所 |
| 設　　立 | 1958 年 5 月 9 日（創業 1846 年） |
| 資 本 金 | 2 億 6000 万円 |
| 従 業 員 | 285 名 |
| 事　　業 | 試薬（実験研究用化学薬品）の製造、輸入、販売 |
| 売 上 高 | 157 億 9900 万円（2016 年度 9 月決算） |
| ホームページ | http://www.nacalai.co.jp/ |

代表取締役社長
半井《なからい》　大《だい》 氏

◆iPSから心筋へ分化させる培地

細胞を育てるための培地は輸入品が多い。一方、先端分野では多くの研究者が用いる標準的な培地が、まだ定まっていない。同社は16年に研究開発部門に新たにiPS（人工多能性幹細胞）細胞の研究グループを設置し、iPS細胞から心筋細胞へと分化させるための培地を開発し、テストマーケティングを開始した。心筋細胞に分化させる培地に標準的なものがない中、16年には付き合いの深い研究者などに供給することで、口コミで拡大している。将来的には心筋細胞は再生医療で活用される期待も大きい。

一方、早期の活用が見込まれるのが創薬分野。体外で心筋細胞ができるため薬の毒性評価での活用が考えられている。同社では研究用のヒトiPS細胞由来心筋細胞の開発も考えており、今後はニーズがどの程度あるのかを見定めて事業化

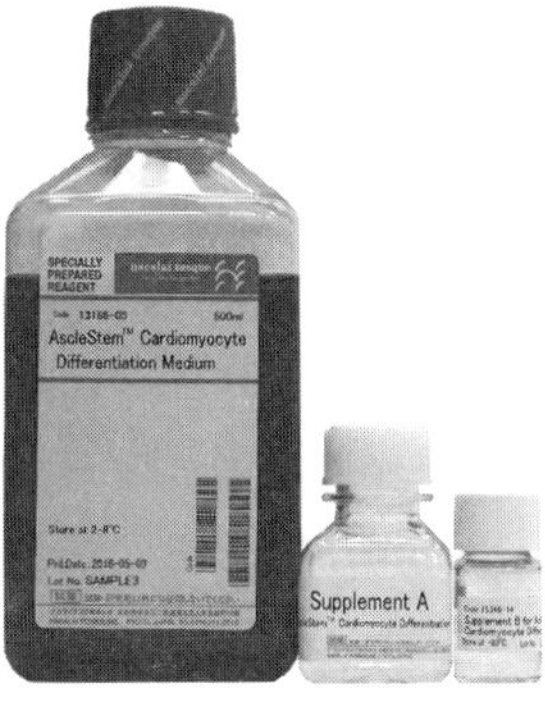


サイトカイン不使用で分化誘導できる心筋細胞分化培地「AscleStem（アスクレステム）Carciomyocyte Differention Kit」

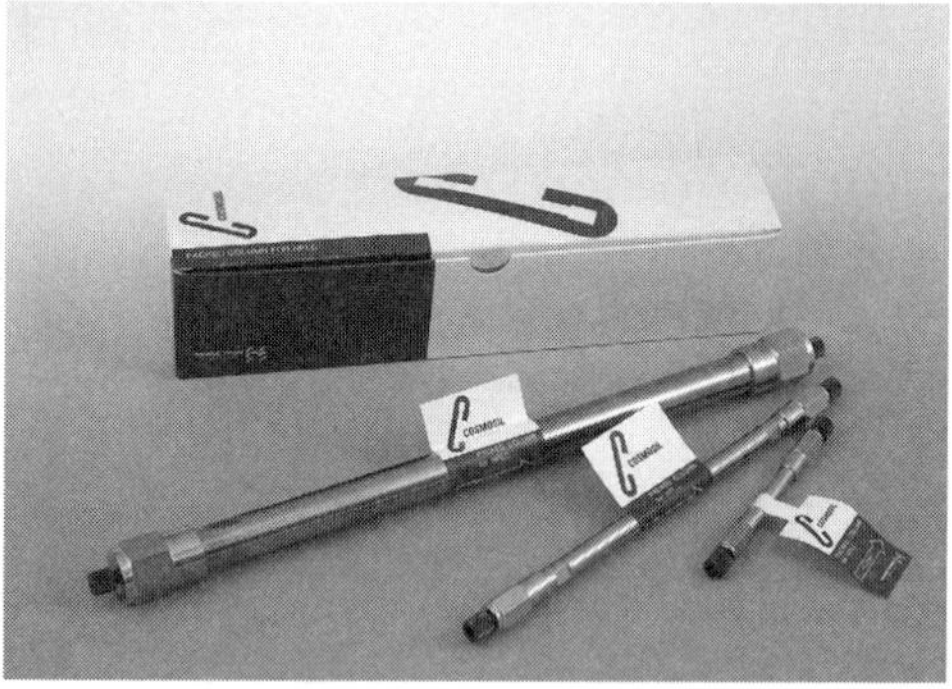


主力製品となっている高速液体クロマトグラフ用カラム「コスモシール」

を判断する。こうした新たな培地や細胞の開発・製造にはコストがかかるが、半井社長は「お客さんが当社の商品を喜んで使ってくれていることがありがたい、うれしいと思うのが正解ではないか」と話す。新たなモノづくりにはコストだけでは測れない価値があるというのが同社の姿勢だ。

◆さまざまな相互作用を持つオリジナル高機能型カラム

同社が製造する高速液体クロマトグラフィー（ＨＰＬＣ）用カラム「COSMOSIL（コスモシール）」は世界市場を見据えた同社の主力商品で、５０００報以上の学術文献に記載されている。このような特殊なカラム充填剤を各種持っているのが同社の強みだ。また、超臨界流体クロマトグラフィー（ＳＦＣ）用カラムも開発している。ＳＦＣは液体クロマトグラフィー（ＬＣ）に比べて有機溶媒使用量が極めて少なく、分

2016年5月に新設した伏見桂川事業所

取精製後の溶媒留去が容易にできる利点がある。SFCは16年11月より高圧ガス保安法の規制対象外になったため普及が期待されている。

16年5月には伏見桂川事業所（京都市伏見区）を開設した。敷地面積は約1万㎡。物流機能の中心的な事業所にすべく南事業所（京都市南区）を移転し、倉庫規模の拡大を図った。ライフサイエンスやバイオ系の試薬では温度管理を必要とする冷凍・冷蔵品の増加が今後も予測されることから、冷蔵室などの設備について従来の4倍程度に拡張・増強している。

## 社是・理念

当社は、試薬（実験・研究用の化学薬品）の提供を通じて先端技術、学術産業の発展に貢献できることを誇りとし、絶えず信頼される企業づくりに励んでいます。

# 注力領域を絞り存在感

## 日本新薬㈱

日本新薬は、泌尿器科、血液内科、難病・希少疾患の3領域を中心に注力し存在感を示している。2014年度スタートの第五次5カ年中期経営計画では、19年3月期に売上高1100億円、営業利益180億円、当期純利益120億円を目指している。中計に掲げている開発品の上市予定も順調に進んでいる。販売面では前立腺肥大に伴う排尿障害改善剤「ザルティア」、骨髄異形成症候群治療剤「ビダーザ」、「肺動脈性肺高血圧症治療薬群」を成長ドライバーとして育成する。

**会社概要**

| | |
|---|---|
| 本　　社 | 京都市南区吉祥院西ノ庄門口町 14 |
| 電話番号 | 075-321-1111 |
| F A X | 075-321-0678 |
| 主な事業所 | 東京支社、国内 18 支店、小田原総合製剤工場、京都・茨城の研究拠点 2 カ所、欧米中の海外拠点 3 カ所 |
| 設　　立 | 1919 年 10 月（創業 1911 年 11 月） |
| 資 本 金 | 52 億円 |
| 従 業 員 | 1950 名 |
| 事　　業 | 医薬品・機能食品の製造および販売 |
| 売 上 高 | 842 億円（2016 年 3 月期） |
| ホームページ | http://www.nippon-shinyaku.co.jp/ |

代表取締役社長
前川 重信 氏

## ◆自社創製薬への期待

自社創製の肺動脈性肺高血圧症（ＰＡＨ）治療薬「ウプトラビ錠」（一般名：セレキシパグ）は16年9月、厚生労働省から製造販売承認を取得し、11月から販売を開始した。ウプトラビ錠は、ＰＡＨ治療剤として欧米各国で広く承認されている世界初の経口投与が可能な選択的プロスタサイクリン受容体（ＩＰ受容体）作動薬。血管拡張作用や血管平滑筋細胞の増殖阻害作用があり、ＰＡＨに対して有効性を示す。導出先のスイスのアクテリオン社から、米国では16年1月から、欧州ではドイツで同年6月から販売され、デンマークやオランダなどでも販売が開始された。導出した自社創製品であるため、日本新薬は海外の売上に伴うロイヤルティ収入を得る。

難病・希少疾患の治療薬開発の一つがデュシェンヌ型筋ジストロフィー（ＤＭＤ）の核酸医薬品「NS-065/NCNP-01」

小田原総合製剤工場

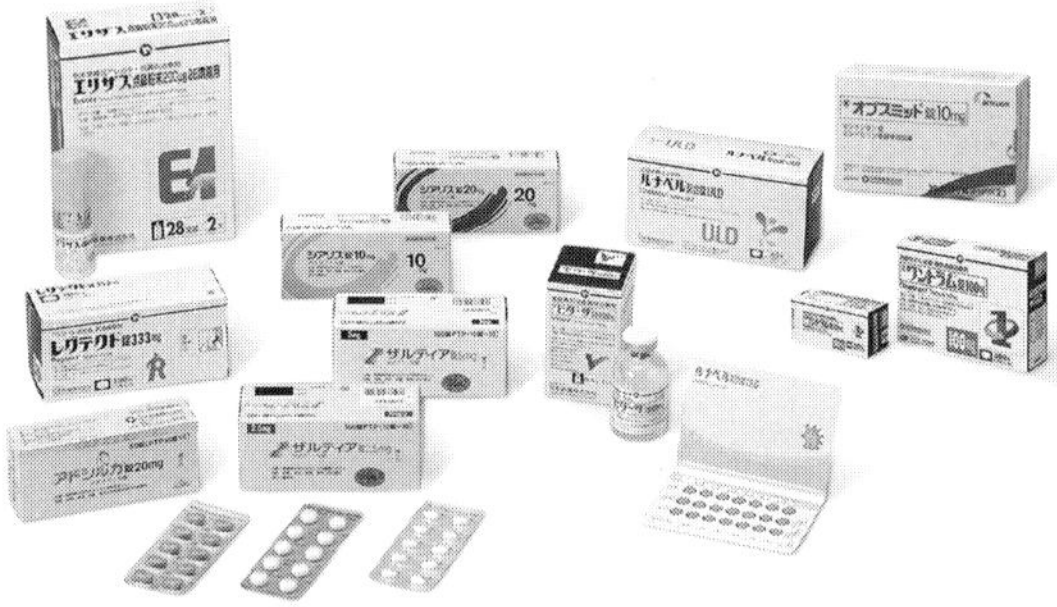

日本新薬が
扱う製品群

の開発だ。順調に進めば国産初のアンチセンス核酸医薬品になる。国内DMD患者数4000～5000人のうちの400人が対象となる。DMDは、男児に発生する最も頻度の高い遺伝性筋疾患で、筋細胞の骨組みを作るたんぱく質が正常に生成できず重篤な筋力低下を示す。

### ◆希少疾患に新薬を

「NS-065/NCNP-01」は、変異を受けたジストロフィン遺伝子の一部の遺伝情報を読み飛ばすことで、筋細胞を支えるたんぱく質を作れるようにし、筋肉の機能改善につなげる。DMDには根本的な治療薬がないため、15年10月には厚生労働省の「先駆け審査指定制度」の対象品目の指定を受けた。国内では良好な結果を得た医師主導治験に続き、16年1月から第1／2相臨床試験を開始し、米国でも16年3月から第2

創薬研究所

相臨床試験を開始した。

血液がんの一種である骨髄線維症治療薬「NS-018」は国内での患者数が少ないこともあり、先行して米国で第1／2相臨床試験を開始。強力なチロシンキナーゼ阻害作用と選択性が高いことから有効性の向上と副作用の軽減が期待される。

小田原総合製剤工場内（神奈川県小田原市）には、18年度稼働予定で高生理活性医薬品を製造する新製剤棟を建設中だ。完成すれば自社創製品のほか、受託製造を行う。16年には京都市南区の本社敷地内に、治験原薬製造棟が完成し稼働しており、今後の新薬開発に役立つことになる。

## 社是・理念

日本新薬は、「人々の健康と豊かな生活創りに貢献する」を経営理念に、ヘルスケア分野で社会から信頼され尊敬される会社、すなわち「存在意義のある会社」となることを目指しています。

# 分離精製技術で未来を拓く

## ㈱ワイエムシィ

「分離精製技術を核に業績の拡大を続け、新たな事業所が整う２０２４年には連結売上高２００億円を目指す」。創業者の山村会長は自信たっぷりに断言する。高速液体クロマトグラフィー（ＨＰＬＣ）用カラムや充填剤専業として設立。「高精度とリーズナブルな価格で国内外の製薬メーカーから高く評価されている」。中でも欧米の大手メーカーの評価は高く、約７割という高い海外売上高比から想像は容易だ。

製品ラインアップは充実している。ＨＰＬＣ用充填剤と分析・分取用カラムを主力に、研究用からパイロットプラント、量産

**会社概要**

| | |
|---|---|
| 本　　社 | 京都市下京区五条通烏丸西入醍醐町 284 YMC 烏丸五条ビル |
| 電話番号 | 075-342-4510 |
| F A X | 075-342-4511 |
| 主な事業所 | 国内 5 拠点、海外 7 拠点 |
| 設　　立 | 1980 年 1 月 |
| 資 本 金 | 6 億 2845 万円 |
| 従 業 員 | 342 名 |
| 事　　業 | 液体クロマトグラフィー関連製品・サービス |
| 売 上 高 | 74 億 2249 万円（2016 年 3 月期連結） |
| ホームページ | http://www.ymc.co.jp/ |

代表取締役会長
山村 隆治 氏

まで広く対応できる分取装置や合成装置、ペプチド・タンパク質などの受託精製や合成など多様なニーズに対応できる。一方で生産や研究など拠点も堅固だ。京都に本社や科学機器事業部、京都研究所など生産や研究拠点を構えるほか、石川県小松市に中核拠点となる小松事業所、東京都港区に東京営業所の国内5拠点を有する。海外ではアメリカ、ドイツ、インド、シンガポール、韓国、台湾、中国に販売7拠点を展開する。

### ◆液クロ充填剤・カラムで先駆け

1980年設立の山村化学研究所（現・ワイエムシィ）から歴史は始まった。当時は液体クロマトグラフィーが化学物質分析に有効だと製薬メーカーの間で認知され始めたばかり。液クロ研究の人脈が豊富だったことから、1981年に液体クロマトグラフィー用充填剤「YMC＊GEL」の開発

主力の小松事業所（石川県）

自社開発の大型可動栓式
分取カラムや充填剤

で業界に先駆け、翌年には充填カラム「ＹＭＣ－Ｐａｃｋ」を開発、すぐさま大手製薬メーカーから注文が寄せられた。設立から5年目に米国に進出し、早い時期に現在の基礎を築いている。

山村会長は「顧客の立場で技術を磨くことが大事」を哲学に実践する。その好例が小松事業所で、２０１５年に医薬品原料の精製工場が竣工、ＧＭＰ基準の製造・品質管理が行われている。充填剤やカラムの最適選定、運転条件の設定は精製物質によってさまざまで「顧客の立場で実際に精製を手がける。顧客の立場で的確に作るから評判もよく、次の受注につながる」と話す。

## ◆抗体医薬向け、京都に新事業所

ヒトの免疫機能を活用、がんなど特定の細胞に働きかけて

受託精製のノウハウが充填剤開発にフィードバック

治療するため従来の化学合成薬に比べて効能が高い抗体医薬精製用の充填剤事業を拡大・加速する。2020年には15兆円市場と言われ、関連産業を含め巨大市場が期待できる。京都府福知山市で約5万1980㎡の新事業所を計画、19年の稼働を目指す。海外の販売ネットワークの再構築も計画。よりタイムリーな顧客対応ができる体勢整備に取りかかる考えだ。

今、上場も検討している。「成長戦略が加速する。いつでも上場できる企業体質を固め、認知度や信用、社員のモチベーションにつなげる」と語っており、当面、前向きの日が続く。

## 社是・理念

分離・精製技術を核にして、
科学の進歩と人類の未来に貢献します。

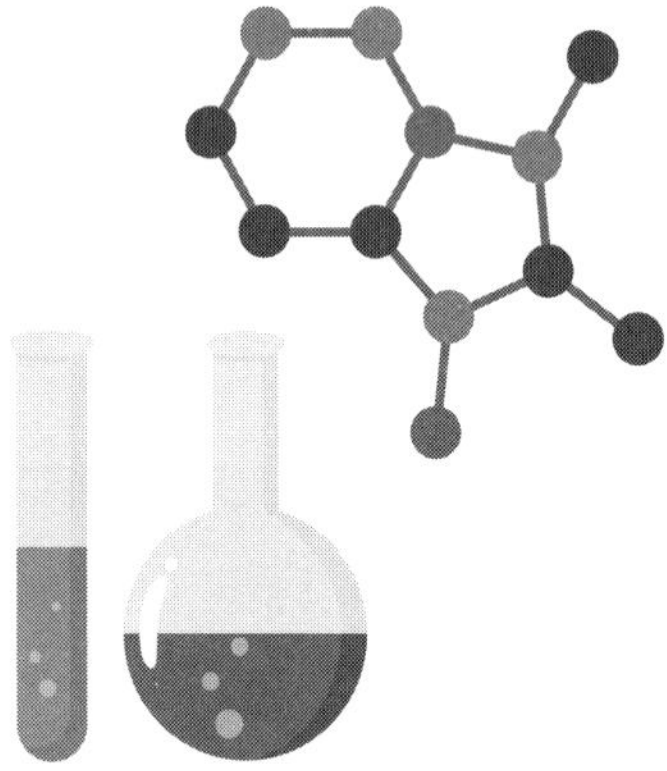

# 第4章

# 繊維・食品／生活・その他

# 伝統工芸からインテリアまで高級な西陣織技術で展開

## ㈱川島織物セルコン

老舗織物メーカーとして、着物の帯や劇場の緞帳、祇園祭の山鉾を飾る祭礼幕などの高級美術工芸品の製造で広く知られる。また高級オーダーカーテンなどのインテリアファブリックでも強みを発揮。近年はＬＩＸＩＬグループの一員として、リフォーム市場の需要の取り込みも進める。

美術工芸品の分野で長い歴史を持つが、現在の売上高の9割はオーダーカーテンやオフィス用タイルカーペットなどのインテリア事業。そのうち官公庁やホテル向けなどが約半分を占める。

### 会社概要

本　社：京都市左京区静市市原町 265
電話番号：075-741-4111　FAX：075-741-4308
主な事業所：東京、大阪、名古屋、福岡など 18 拠点
設　立：1938 年 5 月（創業 1843 年）
資本金：93 億 8100 万円
従業員：975 名 (2016 年 3 月末)
事　業：帯・緞帳・祭礼幕・和装小物などの製造販売、カーテン・カーペット・壁装・インテリア小物などの製造販売、室内装飾工事
売上高：301 億円 (2016 年 3 月期)
ホームページ：http://www.kawashimaselkon.co.jp/

代表取締役社長
山口　進 氏

オーダーカーテンは、高級ブランドの「filo（フィーロ）」から比較的価格を抑えた「I'm（アイム）」まで幅広くラインアップする。ただし同市場は2～3年周期で商品が全面的に刷新されるため、「いかに良いタイミングで、市場のニーズにマッチした新シリーズを出せるかがポイントになる」（同社経営戦略部）という。

一方、タイルカーペットやビニール床などはデザインや機能の充実化を進める。この分野は他社との差別化が難しいため、顧客の改装時期などの情報をいかに早く入手できるかが勝敗を分ける。営業を事務面でサポートする部署を設置し、情報力の強化に努めている。

## ◆江戸時代からの老舗がインテリア事業を拡大

江戸時代末期の天保年間に呉服悉皆業として創業。明治時

事業の９割を占める
高級オーダーカーテン

着物の帯などの文化的価値の
高い美術工芸品で広く知られる

代に欧州の博覧会へ出展したことで、織物による室内装飾の歴史が始まる。国内初の宮内省御用達となり、文化の担い手として貢献してきた。

戦後は自動車内装品向け事業に本格参入し、海外拠点も新設。２００６年にはインテリア事業の拡大を目指し、神戸のインテリアメーカーのセルコンと合併。セルコンが得意とする大型商業施設・店舗などの内装事業を取り込み、現在の主力事業に成長した。その後、ＴＢカワシマをトヨタ紡織などと共同設立し、自動車向け事業を切り離した。

11年には住生活グループ（現ＬＩＸＩＬグループ）の傘下に入り、リフォーム市場の需要取り込みを進める。カーテン販売では、レール取り付けなどの作業を専門事業者と連携し、サービスの充実化などを図っている。

巨大な織機を用いて複数の技術者で緞帳を製造する

◆品質のこだわり「断機の訓え」

生産体制は、京都の本社工場と北関東を含めた3拠点の縫製工場が中心。外注の割合が増えているものの、若手技術者を積極的に採用し、伝統産業の保存にも力を注ぐ。

同社の品質へのこだわりを示す逸話に「断機の訓え」がある。大正時代に当時の社主が、製作途中の綴織に退色の兆候を見つけ、その経糸を切ってしまう。「品質に不安があるものは世に出せない」との思いからだったという。時代が変わってもその思いを受け継ぎ、存在感のあるファブリックメーカーを目指す。

**社是・理念**

川島織物セルコングループは、世界のお客様に感動と満足を与える商品・サービスを提供することにより、常に新しい文化を創造、提案し、心豊かな社会の発展に貢献します。

# 酒類事業で新市場を次々とつくり出す

## 宝ホールディングス㈱

宝ホールディングスの中核をなす宝酒造は、焼酎のトップメーカーとして「宝焼酎・純」や「タカラcanチューハイ」などを世に送り出し、酒類業界で新たな市場を拓いてきた。また「松竹梅」の銘柄で知られる清酒分野では、松竹梅白壁蔵「澪」スパークリング清酒を生み出すなど、伝統に加え革新的な製品づくりにも余念がない。また国内だけでなく海外での日本食材卸事業やグループ傘下のタカラバイオも順調に伸びており、グループでは2017年3月期に売上高2300億円、営業利益120億円以上、海外売上高比率

### 会社概要

| | |
|---|---|
| 本　社 | 京都市下京区四条通烏丸東入長刀鉾町 20 番地 |
| 電話番号 | 075-241-5130 |
| FAX | 075-241-5185 |
| 主な事業所 | 【事業会社】宝酒造㈱、タカラバイオ㈱、宝ヘルスケア㈱など |
| 設　立 | 1925 年 9 月 |
| 資本金 | 132 億 2621 万円 |
| 従業員 | 3780 名（2016 年 3 月現在） |
| 事　業 | 酒類・調味料事業、バイオ事業、健康食品事業 |
| 売上高 | 2253 億 6400 万円（2016 年 3 月期） |
| ホームページ | http://www.takara.co.jp/ |

代表取締役社長
柿本 敏男 氏

16％以上とする中期経営計画の目標を掲げ事業展開している。

## ◆確かな技術力と粘り強い営業力

ソフトアルコール飲料に分類されるタカラcanチューハイ、「タカラ焼酎ハイボール」などの商品は順調な伸びをみせる。16年9月には、焼酎としてはめずらしい桜樽貯蔵熟成酒を使った、桜餅のようなほのかに甘く香る「宝焼酎・NIPPON」を発売。インバウンド需要の拡大を見越し、東京オリンピック・パラリンピックまでには大きく伸ばす考えだ。

同社の商品には糖質、プリン体、香料、甘味料、着色料の5つのゼロを実現したチューハイ「タカラ果汁入り糖質ゼロチューハイ ゼロ仕立て」などユニークな商品が多い。いずれも確かな技術に裏打ちされた商品だ。柿本社長は「技術が生命線だと思っている」と話す。もちろん技術だけでなく、

遺伝子・細胞プロセッシングセンター（右）と新研究棟（左）

酒類・調味料事業で扱う主力商品

商品を粘り強く育成することにも腐心している。その一例が01年に発売した全量芋焼酎の「一刻者」だ。芋麹を使った当時では斬新な商品だったために発売数年後は販売が伸びなかった。「執念をもってあきらめないでやり抜く」（柿本社長）ことで育てあげ、有力ブランドとして根付かせている。

### ◆和食を世界に

清酒分野では11年に松竹梅白壁蔵「澪」スパークリング清酒を発売した。発泡性で、ほのかな甘みとほどよい酸味の味わいが支持され、清酒に馴染みの薄い需要層を獲得。スパークリング清酒というジャンルをつくり出した。また戦略商品としての澪に加え、晩酌市場に応えた「松竹梅 天」のリニューアルや純米大吟醸など特定名称酒の新商品も出し、商品構成の増大により清酒ファンの獲得、市場の活性化に取り組んで

海外での日本食レストランの増大に伴い海外事業を拡大している

いる。

また、海外の日本食レストラン店舗数が15年で約8万9000店（13年は約5万5000店）と増大しており、和食の広がりとともに海外日本食材卸事業も成長を続けている。グループ企業には仏フーデックス社、スペインのコミンポート社、英タザキフーズ社があり、16年7月にはポルトガルのケタフーズ社を買収。11月には、米ミューチャルトレーディング社の第三者割当増資を引き受け、連結子会社とした。

和食ニーズの拡大に応える海外網を着実に整えつつ和食文化の発信にも貢献している。

## 社是・理念

自然との調和を大切に、発酵やバイオの技術を通じて 人間の健康的な暮らしと 生き生きとした社会づくりに貢献します。

# 日本の銘茶を世界に

## ㈱福寿園

福井社長は常々「一人でも多くの人に、日本の茶を楽しんでもらいたい」と口にする。１７９０（寛政２）年創業と江戸時代から続く２００年以上の老舗だ。歴史とともに受け継がれてきた思いは、そのまま事業の基礎となってきた。豊かなティーライフを創造し、世界中の人に茶に親しんでもらえるよう「門戸を広げるのが大事」と、小売り事業への参入、研究所の開設、フランス料理や飲料メーカーとのコラボレーション、店舗展開、器や飲み方など茶が楽しめるさまざまな仕掛けで、一人でも多くの人に楽しんでもらうきっかけを繰

**会社概要**

| | |
|---|---|
| 本　　社 | 京都府木津川市山城町上狛東作り道 11 |
| 電話番号 | 0774-86-3901 |
| F　A　X | 0774-86-3910 |
| 主な事業所 | 京都本店、CHA 遊学パーク、山城工場など |
| 設　　立 | 1949 年（創業 1790 年） |
| 資 本 金 | 8600 万円 |
| 従 業 員 | 340 名 |
| 事　　業 | 日本茶の製造販売 |
| 売 上 高 | 121 億円（2016 年 2 月期） |
| ホームページ | http://www.fukujuen.com/ |

代表取締役社長
福井 正興 氏

り出し続けている。

家訓の「無声呼人」は、声無くして人を呼ぶ、徳のある人のところには呼ばなくても人が集まるという意味。ものづくりにも通じ、「良い商品を作れば人は集まってくる」と、品質の良い商品を提供することを経営の基本に据えている。

### ◆きっかけ作りで門戸広げる

同社の歴史は茶産業の発展に寄与する取り組みの連続だった。創業の地の京都府山城町は古くから宇治茶の集積地として栄えていた。茶商に始まり、1949年に法人組織とし、生産加工から直接販売まで今に通じる近代経営を築いた。

1952年に製造直売方式を導入、京都に始まり全国各地に直売店を出店、日本茶の普及PRに努めた。また関西文化学術研究都市の一角、京都府木津川市に、90年にCHA研究

茶のイメージ
世界に普及を目指す

京都本店で
茶の魅力を提案

センター（現・ＣＨＡ遊学パーク）を開設。ここでは、製茶技術や茶文化の研究などを行っている。宇治茶文化の伝承の地、京都府宇治市に手もみや石臼挽きなど製茶体験ができる宇治茶工房など3施設を設けた。京都市四条通の京都本店は茶器や茶道具、茶室や茶寮、茶を使ったフレンチなどで新しい息吹を吹き込んでいる。「どれも茶に親しんでもらう壮大なきっかけ」だ。そして、２００４年のサントリーとのコラボレーションブランド「伊右衛門」は、さらに広く茶のおいしさを伝えることに成功した。

◆**普及の取り組みは続く**

取り組みは止まることを知らない。15年に、新たにロシア・サンクトペテルブルク店、16年には、ベトナム・ホーチミン店、マレーシア・クアラルンプール店を開設。海外での茶文

ロシアに出店、
海外普及も

化普及を加速。国内では東京駅にフレンチ茶懐石のレストランを設けた。また、ネスレとのカプセル式ティー「京の匠福寿園シリーズ」では本格的な茶を手軽に楽しめる新しいスタイルを提案する。海外の文化や変化する生活様式を取り入れ、柔軟な提案を目指す。

さまざまなきっかけ作りで門戸を広げる取り組みをこころがける。「これまで成分や飲み方などの研究による知見、メニュー開発、販路などの情報を蓄積してきた。ひとりでも多くの人に茶を届ける新しい取り組みに役立てたい」と姿勢にぶれはない。

## 社是・理念

「福とは豊かさである」
信用を蓄積しよう、得意先を蓄積しよう、技術を蓄積しよう、人材を蓄積しよう、資本を蓄積しよう、5つの蓄積を目標に、仕事を通じて社会の発展に奉仕しよう。そして豊かな生活を築きあげよう。

# 女性用下着で世界中にブランド展開

## ㈱ワコールホールディングス

ワコールを中核に複数の下着会社を束ね、女性用下着の業界をリードする。下着は身近でありふれたものだが、実は繊細な縫製技術が必要で、生産体制の自動化が難しい。蓄積されたデータと技術力によって、世界各地の女性の体形やファッション文化に合わせた展開を続けてきた。

ワコールとしての主力は「ワコール」と「ウイング」の二大ブランド。国内では百貨店や量販店向けの卸売事業で全国各地に強みを発揮する。近年は百貨店業界の縮小を受け、代わりに「アンフィ」をはじめとした直営店事業が成長。卸売

**会社概要**

**本　　社**：京都市南区吉祥院中島町 29
**電話番号**：075-694-3111　**FAX**：075-694-3109
**主な事業所**：新京都ビル、麹町ビルほか
**設　　立**：1949 年 11 月（創業 1946 年 6 月）
**資 本 金**：132 億 6000 万円
**従 業 員**：2 万 1892 名（2016 年 3 月末現在、連結）
**事　　業**：インナーウェアなどの繊維製品・関連製品の製造、卸売販売および一部製品の消費者への直接販売。飲食・文化・サービスおよび店舗内装工事
**売 上 高**：2029 億 1700 万円（2016 年 3 月期）
**ホームページ**：http://www.wacoalholdings.jp/

代表取締役社長
塚本 能交 氏

とは異なるBtoCビジネスで、若者向けを中心にショッピングモールなどへの展開を強化する。塚本社長は、「新規出店にコストもかかるが、直営店は増やしていく」と方針を語る。またグループ会社としては、ルシアン、ピーチ・ジョン、Ai（アイ）、七彩などがあり、それぞれ独自色が強い。事業戦略は各社に委ねられ、異なる役割を意識しながら展開しているのが特徴だ。

## ◆膨大な体形データを蓄積

世界各地で展開するため、地域性の考慮はなにより大切。特に国内では、膨大な量の日本人女性の体形データを保有していることが強みだ。1964年頃から測定を始め、現在も同社の人間科学研究所が毎年約1000人の女性を測定している。そのデータを参考にして作られた設計用の模型「ダ

百貨店や量販への卸事業の他に、「アンフィ」などの直営店ビジネスが成長

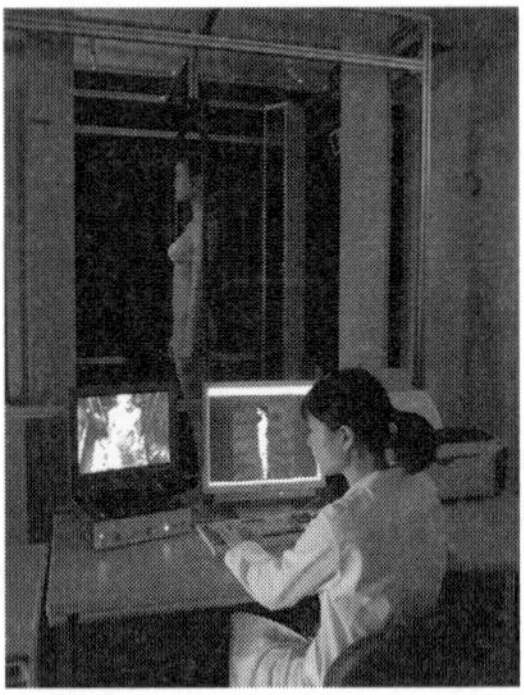

年間1000人の日本人女性の体形を3次元測定によってデータ化

ミー」が全ての製品開発の基本。データは新製品の提案や機能面の評価などでも活用される。

日本向けのワコール製品は、半分以上が中国やベトナムなど海外自社工場で生産される。より繊細な技術が求められる高級品は、北陸や九州などの国内拠点が担当。複雑なデザインが多いため、生産の自動化は難しく基本は手作業だ。作業スピードだけでなく、頻繁に切り替わる製品サイクルに対応する柔軟さも求められる。

### ◆米国にも展開、執念で黒字化

日本にブラジャーという文化を持ち込んだのは、創業者の塚本幸一氏。高度経済成長期の需要拡大の波に乗って国内市場を席巻した。幸一氏は、まだ小規模な会社に過ぎなかった当時から世界展開を視野に入れていた。その戦略に沿うよう

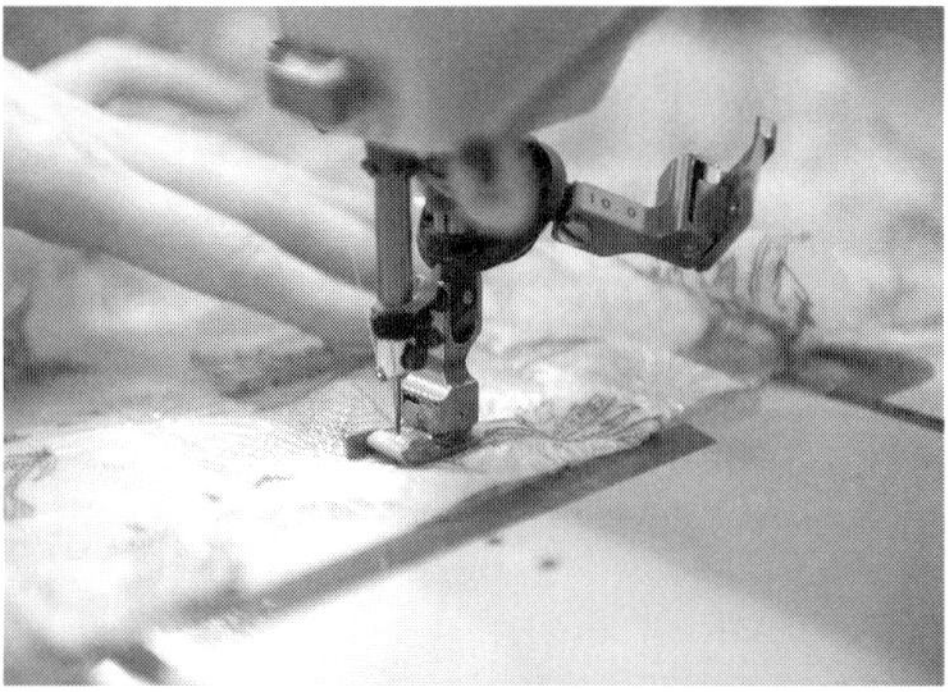

複雑なデザインが特徴のため製造は今でも手作業が中心

に韓国や台湾の合弁事業が順調に伸び、1985年からは米国でもワコールブランドを販売開始。米国の事業はその後10年近く赤字経営が続いたが、それでも撤退せず、ついに黒字転換を果たした。ここに幸一氏の強い執念が垣間見える。

2005年に持ち株会社化した後は、ルシアンなどライバル会社を買収。異なる事業スキームを取り込むことで、飽和する国内市場にテコ入れを図った。今後も顧客の購買行動がますます多様化しており、事業のかじ取りは難しくなる。システム統合による在庫や流通の管理強化などがより強く求められている。

## 社是・理念

世の女性に美しくなって貰う事によって広く社会に寄与する事こそわが社の理想であり目標であります

# イノベーションハブとして京都発の産業創出を支援

## 京都リサーチパーク㈱

京都リサーチパーク（KRP）はわが国初の民間運営によるリサーチパークとして、1989年にオープンした。これまで自治体や経済界など地元との連携を深め、創造的な研究開発環境や多様なサービスを提供し、世界で活躍する企業を支援してきた。今や約5・6haの敷地に15の入居棟、公設機関の施設が建ち並び、約400組織、4400人が働く日本が世界に誇るリサーチパークとなっている。「イノベーションハブKRP」を成長キーワードに据え、「集・交・創〜明日を拓く〜」の取り組みで、より強固に産学公の知が集い、相互

**会社概要**

**本　　社**：京都市下京区中堂寺南町134
**電話番号**：075-322-7800
**F　A　X**：075-322-5348
**主な事業所**：京都リサーチパーク
**設　　立**：1999年7月（創業1989年10月）
**資 本 金**：1億円
**従 業 員**：89名
**事　　業**：リサーチパークの開発・運営
**ホームページ**：http://www.krp.co.jp/

**代表取締役社長**
松尾　一哉 氏

に高め合って地域と共に産業振興および創出を行っていく。

開設当初からＫＲＰには京都府や京都市の産業支援機関などが集積し、マッチングや経営・技術の指導に加え、高価な分析装置の利用など、地域企業への支援を行っている。さらに近年では、京都大学デザインスクールやＪＥＴＲＯ京都なども拠点を構え、地区の機能が強化されている。ＫＲＰは成長段階に合わせたオフィスやラボ、講演会や展示会に利用できる会議室に加え、テニスなどのクラブ活動といったさまざまな交流機会も提供している。

### ◆「BIZ NEXT」サービス付きオフィスを提供

今、注目される取り組みが２０１６年にオープンしたサービス付きオフィス「ＫＲＰ ＢＩＺ ＮＥＸＴ」。京都でのビジネス展開を目指す国内外の企業を対象に、手間のかかる

KRP 地区では約 4400 人が働いている

新たに提供するサービス付オフィス「KRP BIZ NEXT」

引っ越しなど開設準備の必要がない家具付きオフィスを提供し、迅速なビジネス立ち上げを支援する。さまざまなサイズの個室オフィスのほか来客対応や手土産手配などを行う秘書サービス、商談などに活用できるラウンジなどを用意し、多様なニーズに対応している。

## ◆医療やＩｏＴなど数々の産業創出を実現

ＫＲＰでの産業創出支援はＩｏＴ、デザイン、伝統産業など多岐にわたる。中でも中小モノづくり企業の医療関連分野への進出を後押しする「再生医療サポートプラットフォーム」への関心は高い。金属加工など医療に縁の薄い中小企業と大学の研究室をマッチングし、例えば、軟骨など柔らかい組織を微細加工する装置や細胞を汚染から守る器具などニーズを製品にする支援事業を行っている。２００９年の発足以来、

再生医療などビジネス創出の成果は多い

全国から230社以上が参画し、製品化など多くの成果を上げている。

今後は「イノベーションハブKRP」としての機能をさらに高めるため、KRP地区内の新たな開発計画の検討を進める。加えて、KRP地区外でも外部施設の受託や海外リサーチパークとの連携を検討。立地的制約を超えた域外の活動を活性化。これらの活動を通じて京都からの新ビジネス・新産業創出に貢献すべく世界規模での挑戦が続いている。

## 社是・理念

集・交・創　〜明日を拓く〜

# 包装ソリューションで産業を支える

## 甲賀高分子㈱

「高分子素材のハード&ソフトメーカー」を掲げ、プラスチック素材を中心に包装・工業資材を扱う。プラスチックフィルム、高機能粘着テープ、コンテナやパレットなど物流機器・資材、工業製品や食品用高機能発泡品、プラスチック成形品など4万点を超す製品を提案してきた。「単なる製品ではなく、設計の工夫などでコスト低減や安心・安全の高いシステムを実現する。付加価値の高いソリューションの提案が信頼や評価となっている」と石田社長は胸を張る。

その信頼は好調な業績にもつながっており、2016年8

### 会社概要

本　　社：滋賀県湖南市石部北 1-4-26
電話番号：0748-77-2456
ＦＡＸ：0748-77-5141
主な事業所：営業所（大阪、東京、米原、三重、京都、関東）、大阪物流センター
設　　立：1972年3月
資本金：2400万円
従業員：96名
事　　業：プラスチックを中心に包装用・工業用製品
売上高：77億円（2016年8月期）
ホームページ：http://www.koga-polymer.co.jp/

代表取締役社長
石田 秀幸 氏

月期売上高は過去最高の77億円に達し、現在は20年8月期に売上高１００億円の大台を目指す経営計画を進めている。

## ◆アグリや介護市場の開拓を強化

同社の強みは、特徴でもあるファブレスに由来する。製造部門を持たずに全国約５００の協力工場と連携してモノづくりを行う。「営業に徹した体制のため、顧客ニーズをダイレクトに反映したソリューション提案ができ、圧倒的な差別化ができる」（石田社長）からだ。

営業担当者は包装や素材に関する高い知識やノウハウを持つ「包装プランナー」であり、顧客ニーズに的確に対応できる。さらに取引先は４０００以上に上り、第一次から第三次産業までと多業種にわたり、包装に関するさまざまな情報の収集と蓄積・共有が図れる。「顧客が気づかない異業種の事

高付加価値の
ソリューション提案力で
信頼と評価を得る

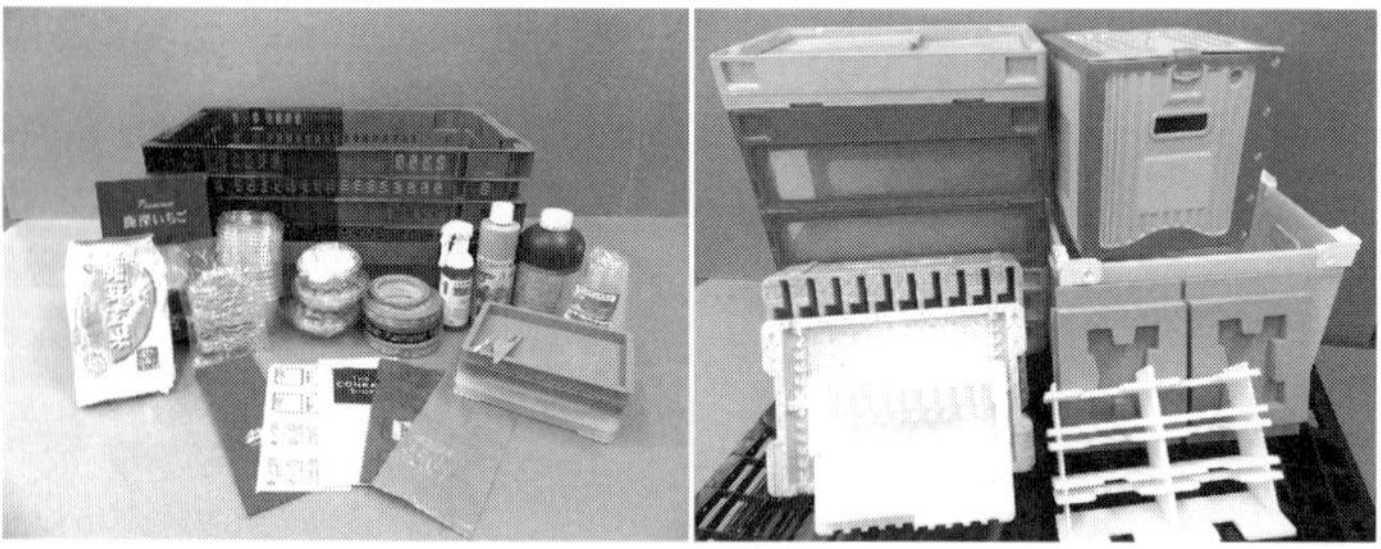

産業用、新規事業のアグリ用コンテナなどの包装資材

例を応用するなど、目からうろこと言われることもある」と、柔軟な対応を実現している。

「プラスチックフィルムの需要は無限に広がる」と見通すが、中でも注力するのがアグリ市場と介護市場だ。鮮度保持フィルムで野菜の品質を保持したり介護商品を清潔に保管したりするなど多くの商談が寄せられている。あわせて拠点整備も進めている。本社のほか、15年に群馬県に開設した関東営業所など東名阪地域で6営業所を展開する。関東でさらに増設し、首都圏市場を積極開拓する考えだ。

### ◆日本で一番面白い会社

目標は「日本で一番面白い会社」。社員がやりがいや達成感が実感でき、仕事を通じて成長できる会社を目指す。そのための環境整備にも積極的で、17年3月に本社敷地内に5階

2017年春完成予定の
新本社ビル

建ての新本社ビルを新設する。業容拡大に伴い、より働きやすい環境を整える。

その目標は認証や受賞という結果であらわれている。15年に女性活躍推進策を評価する滋賀県の認証制度で、2番目に高い二つ星を獲得した。16年には13の県の知事が加盟する「日本創生のための将来世代応援知事同盟」から最も高い「最優秀将来世代応援企業賞」を受賞し、男女の育児休暇推進などが評価されている。

## 社是・理念

甲賀高分子株式会社は、パイオニア精神で研究開発型企業として新しい高分子素材の展開、並びに包創システムを開発し、全産業界の繁栄に貢献すると共に全社員のより豊かさの実現をめざす。

# 良質な野菜・草花のタネを世界に

## タキイ種苗㈱

　創業以来１８０年を超える国内大手の種苗会社。野菜や草花の種苗を生産販売し、トマトの品種「桃太郎」でも知られる。これまでに集めた遺伝資源は30万点を数え、２０００品種以上を新たに生み出してきた。近年は、ＤＮＡ情報を利用した効率的な選抜技術を確立するなど、育種技術をさらに進化させている。

　桃太郎トマトの特徴は完熟後に収穫・出荷しても傷みが少ないこと。初代を発売した１９８５年当時、トマトといえば果実が青い段階で収穫する必要があり、おいしくないと不評

**会社概要**

**本　社**：京都市下京区梅小路通猪熊東入南夷町 180
**電話番号**：075-365-0123
**ＦＡＸ**：075-365-0150
**主な事業所**：北海道、関東、九州、北米、南米、欧州、アジア
**設　立**：1920 年 5 月 19 日（創業 1835 年）
**資本金**：2 億円
**従業員**：749 名（2016 年時点）
**事　業**：野菜や草花品種の開発、種子の生産・販売
**売上高**：510 億円（2016 年 4 月期）
**ホームページ**：http://www.takii.co.jp/

**代表取締役社長**
瀧井 傳一 氏

だった。そんな中、交配を重ねて適度な硬さを出すことに成功。完熟しても傷まず糖度も高いということで市場で人気を得た。現在もなお進化を続け、シリーズで30品種を超えるロングセラーのヒット品種となっている。

また花の分野でも、形質が優れ品質が均一であるなどの長所を持つ一代交配種（$F_1$種）のひまわり「サンリッチ」シリーズが広く流通。切り花用ひまわりとしては、世界最大のオランダ花卉市場で80％超のシェアを有し、世界で最も売れている花といわれる。

### ◆$F_1$種で国内市場を変えた

創業は江戸時代末期の1835（天保6）年。瀧井家初代・大森屋治右衛門が京都で優良種子を分譲したことに始まる。

転機は、1950年に世界初の自家不和合性利用によるアブ

完熟トマトブームを起こした
初代「桃太郎」トマト

野菜、草花ともに多くの品種を新たに生み出した

ラナ科野菜の$F_1$種「一号甘藍」と「一号白菜」を発表し、商業ベースで販売を開始したことだった。それ以降、種苗会社が開発する品種の大半は$F_1$種となっている。

桃太郎トマトのヒット後の90年代は、機能性成分を豊富に含み、かつ食味に優れた野菜の育種研究が始まる。その成果として2010年に発売した「ファイトリッチ」シリーズで業界をリード。十分な野菜摂取量の確保や、予防医療への意識の高まりなど、社会的課題の変化に柔軟に対応している。

## ◆「良いタネ」を提供する

品種開発としては、国内5カ所目の研究拠点として熊本研究農場（熊本県菊陽町）を開場。重要産地の九州で、より地域に密着した開発を進めている。近年は大学との連携も強化し、革新的な育種技術の開発を続けている。

$F_1$ 種の青首ダイコン「耐病総太り」(1974年発売)は、作りやすさとおいしさで市場を席巻した

一方で海外展開でも、アジア、北米、欧州、南米の四極体制で野菜種子や草花種子の売り上げが順調だ。特に北米と欧州では物流拠点としての機能を高め、地域本社化をさらに進めている。

社として代々受け継がれているのが「一粒万倍」という信条。良いタネからは万倍の収穫が得られるが、逆に悪いタネをまけばその損害は計り知れないという意味だ。瀧井社長は、「業界内の付き合いは密接で、祖父の代からの取引も多い」と、信頼の大切さを語る。品種の開発も厳しい品質管理も、信頼が全ての根底にある。

**社是・理念**

〈コーポレートコピー〉　ひと粒のタネから広がる未来…

〈企業理念〉　より良い種子の創造と高品質種子の安定供給により社会に貢献する

# 念珠の伝統を守りつつ新たな老舗像づくりに挑む

## ㈱安田念珠店

安田念珠店は、江戸時代初期の1683年に現在の本店所在地で創業した念珠（数珠）の老舗。その頃のガイドブックに当たる「京雀」「京羽二重」には、「寺町誓願寺（現在の寺町六角）に数珠屋がある」と記載されており、それが現在の安田念珠店になる。創業時から念珠のみを扱ってきており、現在もそれは変わらない。一方、1952年に京都駅観光デパートで念珠の販売を始めたほか、2016年7月には本店店舗をリニューアルオープンし新しい老舗像を打ち出すなど、伝統を守りつつ挑戦する企業でもある。

**会社概要**

**本　　社**：京都市中京区六角通麩屋町東入八百屋町 118
**電話番号**：075-221-3735
**F　A　X**：075-221-3730
**主な事業所**：東京営業所、福岡営業所
**設　　立**：1953年6月（創業 1683年）
**資 本 金**：1000万円
**従 業 員**：60名
**事　　業**：京念珠製造・販売
**売 上 高**：8億6000万円（2016年8月期）
**ホームページ**：http://www.yasuda-nenju.com/

代表取締役社長
安田 容造 氏

### ◆新しい老舗像への挑戦

以前の本店店舗は、住居も兼ねた作りだったため、十分な接客スペースは取れず、来店客は3組も入れなかった。新店舗のデザインはテレビ番組にも登場した、建築家の関谷昌人氏が担当。新しい老舗をイメージして店舗の外壁にはチタン合金を採用し、歳月を経て味が醸し出されるようにしている。また、店舗内部のショーケースも念珠の玉をイメージし円形を用いている。店先に大きな念珠を掲示していなければ、宝飾店のような感じすらするモダンなデザインだ。以前と比べると明るく入りやすい店舗になった。改装効果は大きく、安田社長は「以前は年配客が多かったが、観光客、ベビーカーを押した女性客が入ってくるなど、明らかに客層が広がった」。

新しい取り組みと言えば、安田社長の父は1952年に京都駅観光デパートへの出店を決めている。現在では特に違和

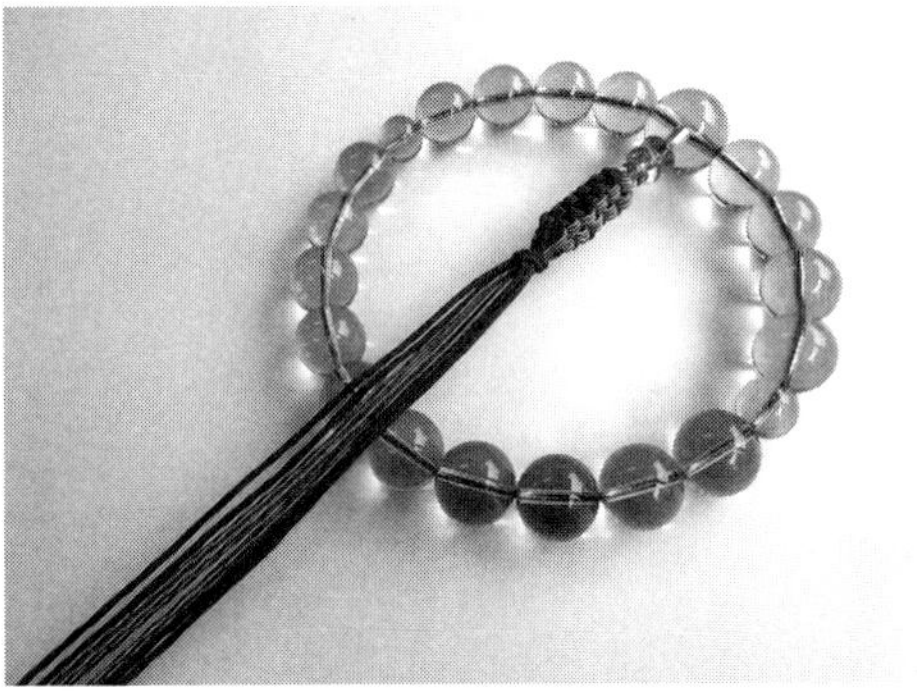

1683年の創業以来、受け継がれた技術は確かだ

店舗内部のショーケースも念珠の玉をイメージして円形となっている

感もないが「当時としては画期的だったはず。周囲から反対されたと聞いている」。周囲の反対意見をよそに念珠は売れ、今でもJR京都駅周辺には2店舗を構えている。

## ◆祈りの中にある念珠

京都在住の職人のネットワークを生かした手作りの念珠を扱っている。「念珠を扱う店は多くあるが、当社は販売だけでなく念珠の作製に技術の裏打ちがある」と、自身が念珠職人でもある安田社長は話す。各宗派総本山・大本山御用達の本山の数は20を超える。寺の儀式に用いる念珠の作り方は、「一子相伝であり、私も父から教わり、ノートを取って覚えた」と、安田社長は受け継がれてきた技術を、こう明かす。

また、念珠により関心を持ってもらうため、手を合わせる意味を伝えることにも腐心している。その際によく用いてい

人の想いに寄り添う社会に向けた活動にも力を入れる

る言葉が、「手のひらから伝わる素敵なぬくもり」である。神仏においては、念珠を持ち心を込めて合唱することで神仏とつながり煩悩が消え、光徳を得ると言われる。例えば、スポーツ観戦などで手を組み合わせて祈るような場面があるが、このように普段の暮らしにおいても想いを込めて手を合わせることがあり、そこからぬくもりが感じられる。念珠が暮らしの中でも人の想いという祈りにおいて、誰にでも大切な物であることが理解される。安田社長は、「念珠の成り立ちや、念珠を通じて仏教への理解を深める活動につなげたい」とし、そうした言葉を伝え続けている。

**社是・理念**

「手のひらから伝わる素敵なぬくもり」をモットーに、モノの豊かさのみを追求した時代から真の豊かさを求める心の時代への変化を支え、人の想いに寄り添う精神的社会貢献を目指します。

# あとがき

　京都、滋賀。平安の時代、さらにそれ以前の飛鳥の時代から連綿と都の歴史を重ね、1200年以上にわたって時代の目を惹きつけてきた。そして現代、世界屈指の観光地として国内外から多くが伝統や文化、自然を求めて訪れる。秀逸なるものの代名詞となった「三つ星」は「それを味わうために旅行する価値があるほど卓越した料理」とミシュランガイドは評する。卓越したものは味わうため、見るため、触れるために足を運ぶ高い価値があるということ。ものづくりをはじめとした産業もしかりだ。

　他の地が嫉妬するような積み重ねられた伝統や歴史、自然を器に盛って、進取気鋭や三方良しの精神、大学など数多の知をスパイスに、この地の産業は栄華を誇る。島津製作所や京セラといった世界に冠たる大企業、技術や製品で秀でたオンリーワン企業など、この地に生まれたのは必然であろう。

　東京一極集中と言われて久しいが、こと京都や滋賀の企業に限ってみれば、それはそのまま当てはまらない。歴史を振り返れば都には腕に覚えのある匠が集ってきた。今も腰をどっしりとこの地におろし、芸妓舞妓が稽古に励む花街につながる路地で複雑かつ精緻に金属を削り、船岡山を臨む市街や琵琶湖湖畔では最先端の測定装置を開発、世界最大級の規模で鉄を鍛える。京都、滋賀は「それを知るために訪れる価値のあるほど卓越している」企業にあふれている。

本書で紹介する70社はそんな卓越した企業ばかりである。機会に恵まれれば是非とも訪れてもらいたいものだが、叶わないようであれば本書を通して京都・滋賀の卓越した企業の一端を感じ取ってもらいたい。

日刊工業新聞社京都支局（現・京都総局）は２０１７年9月15日に開設70周年を迎えます。その記念事業として、本書「未来にきらめく京都・滋賀 個性派企業70社」をまとめました。京都・滋賀地域の圧倒的な存在感を放つ大手企業、オンリーワン企業や、これからの発展を秘めた中小・ベンチャー企業と広く紹介しています。

本書の取材・執筆は平野健、水田武詞、園尾雅之、林武志が担当し、河本格子、田渕武彦、山中太郎、福井代里子の京都支局全員の協力で刊行しました。

最後に、取材に応じていただきました企業の方々をはじめ関係各位のご協力に心から感謝申し上げます。

日刊工業新聞社　取締役大阪支社長　竹本　祐介

未来にきらめく
京都・滋賀　個性派企業70社

NDC335

2017年4月11日　初版1刷発行

（定価はカバーに表示されております。）

©編　者　日刊工業新聞特別取材班
発行者　井　水　治　博
発行所　日刊工業新聞社

〒103-8548　東京都中央区日本橋小網町14-1
電　話　書籍編集部　03-5644-7490
販売・管理部　03-5644-7410
FAX　03-5644-7400
振替口座　00190-2-186076
URL　http://pub.nikkan.co.jp/
e-mail　info@media.nikkan.co.jp

印刷／製本　新日本印刷（株）

落丁・乱丁本はお取り替えいたします。　2017 Printed in Japan

ISBN 978-4-526-07706-7　C3034